이화여자대학교 언어교육원
Ewha Womans University
Ewha Language Center

이화 한국어

김현진 · 이인경 · 강여림 · 박은선 · 김미영 지음

English Version

2-2

KOREAN Ewha

EPRESS

이화 한국어

이화 한국어 2-2 (English Version)

지은이 김현진 · 이인경 · 강여림 · 박은선 · 김미영

펴낸날 1판 1쇄 2010년 9월 13일
7쇄 2020년 2월 19일

펴낸이 이승아 **펴낸곳** 이화여자대학교출판문화원
주소 서울특별시 서대문구 이화여대길 52(우 03760) **등록** 1954년 7월 6일 제9-61호
전화 02) 3277-2965(편집), 02) 362-6076(마케팅)
팩스 02) 312-4312 **전자우편** press@ewha.ac.kr **홈페이지** www.ewhapress.com

책임편집 이혜지, 민지영 **디자인** design **Vita** **번역** 이화여자대학교 통역번역대학원
일러스트 이지영 **사진** 정영진, 이화여자대학교 언어교육원, 이화여자대학교 홍보과
녹음 정영진 **성우** 유남희, 최정호 **인쇄** (주)현문자현

ISBN 978-89-7300-888-9 18710
978-89-7300-875-9 (세트)
값 16,000원

* 사진 촬영에 협조해 주신 Van Den Peereboom Gilles E. M., Qiao Shanshan, Biernath Anne Madlen, Suzuki Makiko, Ishizawa Shinji, Saygi Kemal 씨, 이화여자대학교 언어교육원 학생들과 이화여자대학교 학생들에게 감사를 드립니다.

* 잘못된 책은 구입처에서 바꾸어 드립니다.

책을 펴내면서

이화여자대학교 언어교육원은 국내 최초의 의사소통 중심 교재 『말이 트이는 한국어(Pathfinder in Korean)』를 발간한 지 12년 만에 새로운 의사소통 중심 교재 『이화 한국어(Ewha Korean)』를 발간하게 되었습니다. 지난 10여 년 동안 『말이 트이는 한국어(Pathfinder in Korean)』는 세계 각국에서 한국어 교재로 널리 사용되어 왔으며 현재까지도 외국인들에게 한국어 학습의 좋은 길잡이가 되고 있습니다. 그러나 새로운 시대 흐름에 맞춘 교재 집필이 필요하다고 생각되어 언어교육원에서는 2008년부터 『이화 한국어(Ewha Korean)』 개발에 착수하였으며, 교육과학기술부의 '2009 한국어 연수 프로그램 지원사업'에 선정되어 교재 개발에 박차를 가할 수 있게 되었습니다. 그리고 지난 일 년 간 언어교육원 한국어 과정에서 몇 차례의 시험 사용, 수정 작업을 거쳐 발간하기에 이르렀습니다. 『이화 한국어(Ewha Korean)』 시리즈는 1급에서 6급까지 총 30권의 교재와 연습서로 구성되며, 앞으로 단계적으로 발간될 예정입니다.

『이화 한국어(Ewha Korean)』는 말하기 · 듣기 · 읽기 · 쓰기의 통합 교재이며 초급부터 고급까지 연계적으로 구성되어 있습니다. 이 교재는 네 가지 언어 기능의 균형 있는 발전을 유도하면서도 특히 말하기 능력을 강화하도록 고안된 것이 특징입니다. 말하기 연습을 유도하는 장치로 'Try it'을 활용하였는데 이것은 외국인 학습자가 주도적으로 대화를 이끌어 갈 수 있도록 담화 순서와 문장의 핵심어를 담은 것입니다. 이 장치를 따라 말하기 연습을 함으로써 학습자는 단순 암기 방식에서 벗어나서 주도적으로 대화를 이끌어 가는 능력을 기를 수 있을 것입니다. 또한 최근 학습자 성향과 편의를 고려하여 1~3급은 교재를 두 권으로 구성하였으며, 1급과 2급은 영어, 일본어, 중국어(간체, 번체)로 설명을 넣는 등 세밀하게 학습자 요구를 반영하고자 하였습니다.

이화여자대학교 언어교육원을 대표하여, 『이화 한국어(Ewha Korean)』가 출간되기까지 이 책의 저자들이 쏟은 열정과 노고에 대해서 깊은 감사를 드립니다. 또한 내용 구성에 많은 조언을 해 주신 이해영, 김영규, 최형용, 박선희 교수님께 감사의 말씀을 드리며, 문학 부분에 조언을 해 주신 김현자 교수님께도 감사의 말씀을 드립니다. 또한 편집과 출판을 맡아 주신 이화여자대학교출판문화원에도 고마움을 전합니다.

앞으로 『이화 한국어(Ewha Korean)』가 국내외에서 한국어 교재로 널리 활용되어 한국어를 쉽고 재미있고 효과적으로 교수 · 학습하는 데 기여하기를 기대합니다.

2010년 6월

이화여자대학교 언어교육원

원장 양 혜 순

Preface

Twelve years after publishing *Pathfinder in Korean*, the first domestically made Korean language textbook based on communicative practice, Ewha Language Center at Ewha Womans University has now released a new textbook titled *Ewha Korean*. Over the past ten years *Pathfinder in Korean* has been widely used as a Korean language textbook in many countries around the world and is still prized as a useful guide for beginners to the Korean language. Under the belief that a new textbook was called for to meet the needs of changing times, however, Ewha Language Center began development of *Ewha Korean* in 2008. The project gained momentum when it was selected for funding under the Ministry of Education, Science and Technology's program to provide support for Korean language training in 2009. Over the past year the textbook was tested, revised, and tested again through actual use in the classroom at Ewha Language Center before coming up with the final version. The *Ewha Korean* series consists of 30 volumes including textbooks and workbooks, covering six levels, and will be published in stages.

Ewha Korean is a comprehensive textbook covering the four skills of speaking, listening, reading, and writing with related content throughout all levels. While fostering balanced development of the four language skills, the new textbook is designed with an emphasis on speaking ability. The "Try it" section in each chapter is designed to encourage students to improve their conversation skills without memorization by creating their own dialogue according to a given situation and explanation of the flow of the dialogue and vocabulary. In addition, taking into consideration the demands and preferences expressed by students, levels 1 to 3 consist of two books each, and in levels 1 and 2 the instructions and explanations are given in English, Japanese, or Chinese(simplified and traditional).

On behalf of Ewha Language Center, I extend my sincere thanks to the authors of the book for their passion and dedication. I also wish to express my appreciation to Professors Hai-young Lee, Young-kyu Kim, Hyung-yong Choi, and Sun-hee Park for their assistance in organizing the content, and Professor Hyun-ja Kim for her advice in regard to the literature sections of the book. Many thanks also go to Ewha Womans University Press for editing and publication of the book.

It is my hope that *Ewha Korean* will be widely used inside and outside the country as a Korean language textbook, and contribute to the teaching and learning of Korean in a way that is both fun and effective.

June 2010

Heisoon Yang, Director

Ewha Womans University Language Center

차례 Contents

교재 구성표

단원	제목	내 용				
		Part 1			Part 2	
		준비합시다	들어 봅시다	말해 봅시다	준비합시다	들어 봅시다
8	외모	–고 있다 –게 처럼	인상착의를 설명하는 대화 듣기	친구 마중 부탁하기 표현 인상착의 설명하기	마다 ㅎ 불규칙 어휘 색	분실물, 미아 찾는 방송 듣기
9	특별한 날	(이)나, 밖에 –(으)면서 –(으)ㄴ/는데	돌잔치에 대한 대화 듣기	야유회 옷차림에 대한 조언 구하기 표현 옷차림에 대한 조언 구하기	에서도, 에서만 –고 나서 어휘 설날 추석 명절	설날에 대한 정보 듣기
10	공공 장소	–는 대로 –(으)ㄹ 것 어휘 우체국에서 보내는 방법	비자 연장에 대한 대화 듣기	우체국에서 소포 보내기 표현 소포의 내용물에 대해 묻기 보내는 방법에 대해 묻고 답하기	대신(에) –는 길에 –다가	도서관 자료 검색에 대한 대화 듣기
11	초대	–(으)ㅁ –기(를) 바라다 어휘 초대	방문 예절에 대한 대화 듣기	전화 받은 내용 메모하기 표현 메모 전달을 부탁하기 전화 건 사람 이름에 대해 묻기	아무나, 아무거나, 아무 데나 –잖아요 –(으)ㄴ/는데요	손님 초대 음식에 대한 대화 듣기
12	교통과 생활	–(으)ㄴ/는지 알다 (으)로 해서 –자마자	목적지까지 가는 방법에 대한 대화 듣기	택배 기사에게 길 알려 주기 표현 목적지까지 가는 길 묻기	–았/었다가 –(으)ㄹ 테니까 어휘 교통	교통 방송 듣기
13	이웃과 집	–아/어야겠– 아무도, 아무것도, 아무 데도 –기(가) 쉽다	부동산 소개소에서 집 구하는 대화 듣기	하숙집과 기숙사의 장단점 비교하기 표현 하숙집과 기숙사 비교하여 질문하기 장단점이 모두 있음을 표현하기	–게 되다 –(으)ㄹ수록 어휘 기숙사 시설	하숙집 아주머니에게 부탁하는 대화 듣기
14	예약과 주문	–(으)ㄹ까 하다 –(으)ㄴ/는/(으)ㄹ 모양이다 어휘 비행기에서	비행기 표 예약하는 대화 듣기	전화로 식당 예약 확인하기 표현 예약자 이름 묻고 답하기	–(으)ㄹ 줄 알다 –(으)ㄴ/는 대신(에) –던	한복을 주문하는 대화 듣기
15	안부와 소식	–았/었었– –았/었던 반말	모임 알리는 음성 메시지 듣기	옛 친구와 추억 말하기 표현 그리움 말하기	–아/어지다 낮춤말 어휘 소식 안부 인사 방법	작별 인사하는 대화 듣기

내 용			
	Part 3	Culture & Literature	
말해 봅시다	읽고 써 봅시다	문화 알아보기	문학 맛보기
분실물 센터에서 잃어버린 물건 찾기 표현 잃어버린 물건 묘사하기 잃어버린 물건 찾은 후 연락 약속하기	이상형에 대한 글 읽고 쓰기 낭독 않았고 [아낟꼬]	관상	얼굴 (수필)
연휴 계획 세우기 표현 계획을 정하지 못했음을 말하기 어떤 일에 대한 기대를 표현하기	일기 읽고 쓰기 낭독 의미 [의미]	돌과 환갑	설날 (노래)
은행에서 현금 카드 만들기 표현 카드 발급에 대해 말하기 현금 카드 사용 시기에 대해 질문하기	규칙을 어긴 경험담 읽고 쓰기 낭독 넓지 [널찌]	공공 기관의 업무 시간	은행잎 편지 (시)
집들이 선물 상의하기 표현 선물 살 것을 제안하기 의견에 동의하기	초대의 이메일 읽고 쓰기 낭독 못했네요 [모탠네요]	집들이 선물	달걀 열두 개로 한 축하 (전래동화)
약속 시간에 늦은 이유 말하기 표현 교통이 정체된 상태 설명하기 사과 받아들이기	대중교통에 대한 비교의 글 읽고 쓰기 낭독 이용 요금 [이용뇨금]	서울의 버스	자전거 (시)
기숙사 시설에 대한 정보 얻기 표현 기숙사 시설에 대해 묻기	인터넷 게시판의 동네 소개 글 읽고 쓰기 낭독 결혼한 [결혼한], [겨로난]	전세와 월세	그 집 앞 (노래)
전화로 도서 주문하기 표현 팔 물건이 없음을 말하기	예매에 얽힌 일화 읽고 쓰기 낭독 억양	예약과 할인	고향의 봄 (노래)
오랜만에 만난 선배에게 안부 묻기 표현 상대방에게 감사 표현하기 격려하기	감사의 편지 읽고 쓰기 낭독 몸살 나서 [몸살라서]	우체국 마크의 의미	흥부와 놀부 (전래동화)

Table of Contents

V Vocabulary E Expression P Pronunciation practice

Contents

교재 구성과 사용법 How to Use This Book

- 『이화 한국어 2-1』은 1~7과, 『이화 한국어 2-2』는 8~15과로 이루어져 있습니다.
  Ewha Korean 2-1 covers Units 1~7 and *Ewha Korean 2-2* covers Units 8~15.

- 각 단원은 Part 1, 2, 3과 'Culture & Literature'로 구성되어 있습니다. Part 1, 2, 3은 문법, 말하기, 듣기, 읽기, 쓰기를 학습하는 부분이며, 'Culture & Literature'는 한국의 문화를 알아보고 문학 작품을 접해 보는 부분입니다.
  Each chapter is divided into four parts: Parts 1, 2, 3, and "Culture & Literature". Parts 1, 2, and 3 cover grammar, speaking, listening, reading and writing, while 'Culture & Literature' explores Korean culture and gives students an introduction to literary works.

단원 구성 Composition of Units

단원 표지 Unit cover page

사진 자료로 단원의 내용을 알 수 있도록 보여 줍니다.
Photos are used to indicate the contents of the unit.

학습할 단원의 학습 목표와 내용을 알려 줍니다.
The contents and learning goals of each unit are explained.

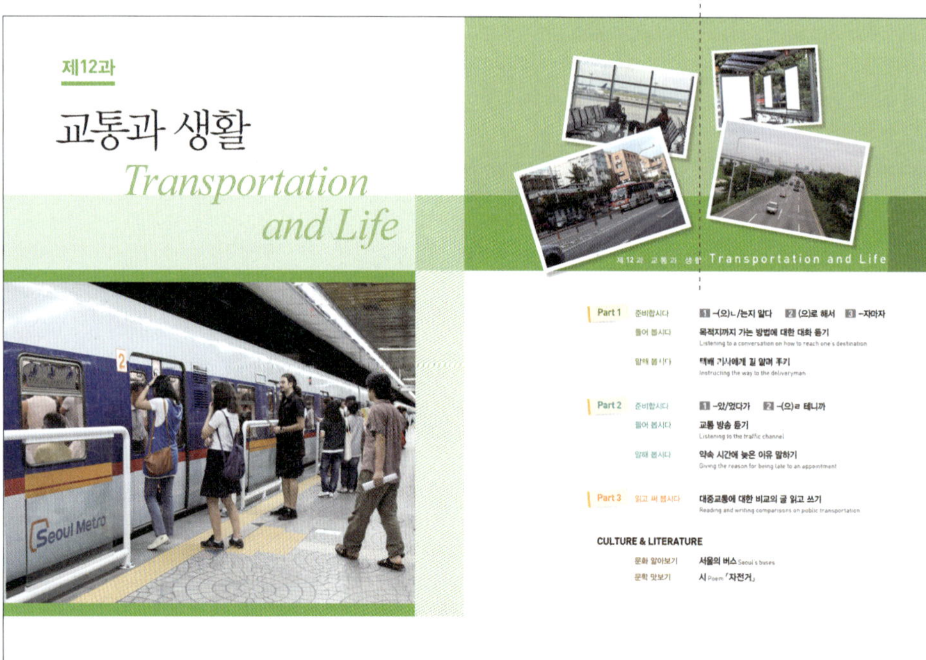

Part1 Part2

준비합시다와 들어 봅시다, 말해 봅시다로 구성되어 있습니다. 준비합시다에서 2~3개의 문법과 어휘들을 학습하고, 들어 봅시다와 말해 봅시다에서 실제적인 듣기, 말하기 과제를 연습해 봅니다.

These parts consist of preparation (준비합시다), listening (들어 봅시다) and speaking (말해 봅시다) sections. The preparation section gives practice in vocabulary and 2 or 3 grammar points, and the listening and speaking section give practice in listening and speaking and include authentic listening and speaking tasks.

문법을 학습하기 전에 학생이 문법의 쓰임과 의미에 대해 생각해 볼 수 있도록 간단한 질문을 제시했습니다.
Before studying grammar students are given simple questions that prompt them to think about grammar usage and meaning.

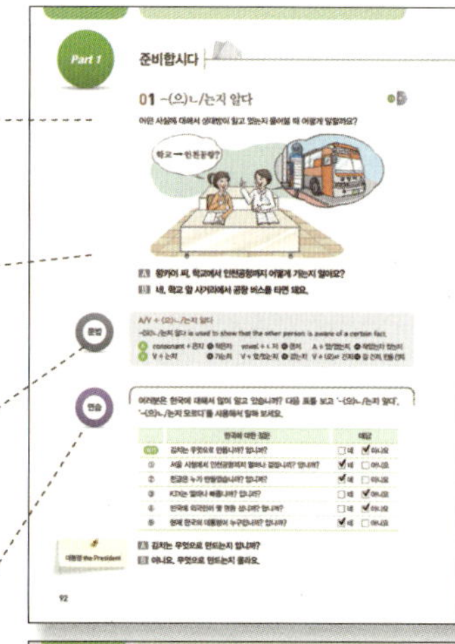

상황이 있는 그림과 예문으로 문법이 언제, 어떻게 사용되는지를 알려 줍니다.
Points on application of grammar including where and how it is used are shown through pictures and examples.

문법의 의미(쓰임)를 명확하게 알 수 있도록 설명을 제시했으며, 형태 정보를 도식화하여 간략하게 보여 주고 예를 제시했습니다. (N=명사, A=형용사, V=동사)
The meaning(usage) of grammar points is clearly explained, and information on forms is simply explained in diagram form with examples. (N=Noun, A=Adjective, V=Verb)

문법 연습을 말하기 활동으로 제시했습니다. 연습 방법을 알 수 있도록 지시문과 〈보기〉를 제시했습니다.
Grammar practice is given through speaking tasks. Instructions in the English translation and examples are given.

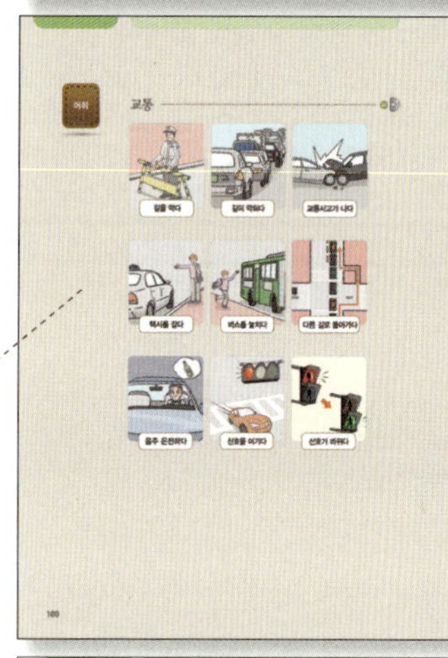

단원 주제와 관련된 어휘들을 그림이나 사진과 함께 제시했습니다.
Key words related to the unit are given with pictures or photos.

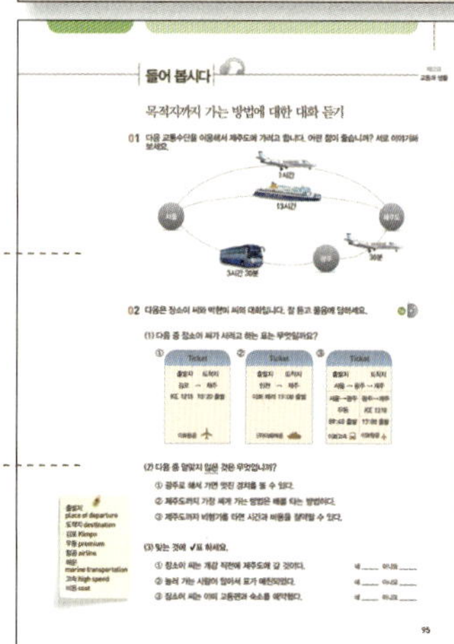

듣기 전 단계에서 활용하는 상황 그림과 질문입니다. 들을 내용을 예측하고, 어휘나 표현을 확인하는 데 도움이 됩니다.
These pictures and questions explain the listening situation. They give the students an idea of what to expect in the listening dialogue and check vocabulary and expressions.

듣기 단계에서 활용할 이해 확인 문제입니다. 무엇에 중점을 두고 들어야 하는지 안내해 줍니다.
These questions test the students' understanding of the listening situation. They guide the students to the key points.

말하기 과제의 내용, 상황, 대화자의 역할을 그림과 설명으로 제시했습니다.
For the speaking tasks the content, situation and roles of speakers are explained with pictures.

모범 대화문을 학습하기 전에 주어진 역할에 맞게 대화를 만들어 보는 연습입니다. 말풍선에 제시된 핵심어를 보면서 두 사람이 대화를 만들어 봅니다. Try it은 암기에 의존하지 않고 스스로 대화를 주도하면서 구성하는 능력을 길러 줍니다.
Before studying the given dialogue students practice making up their own according to given roles. The students make up a conversation in the speech balloons following key instructions. "Try it" encourages students to speak without relying on memorization.

대화의 흐름과 주요 내용을 알려 주는 것으로 담화에 대한 이해력, 구성 능력을 길러 줍니다.
Students' understanding of dialogue and speaking ability is fostered by explaining the flow and major contents of the dialogue.

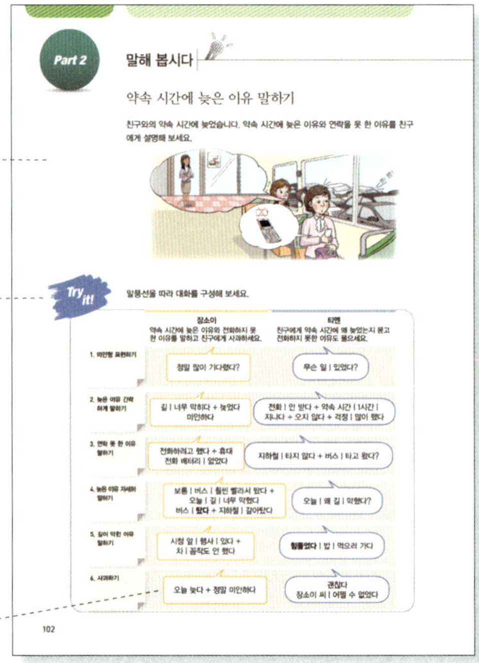
Part 2 말해 봅시다

약속 시간에 늦은 이유 말하기

친구와의 약속 시간에 늦었습니다. 약속 시간에 늦은 이유와 연락을 못 한 이유를 친구에게 설명해 보세요.

Try it! 말풍선을 따라 대화를 구성해 보세요.

	장소이 약속 시간에 늦은 이유와 전화하지 못 한 이유를 말하고 친구에게 사과하세요.	티엔 친구에게 약속 시간에 왜 늦었는지 묻고 전화하지 못한 이유도 물으세요.
1. 미안함 표현하기	정말 많이 기다렸다?	무슨 일 | 있었다?
2. 늦은 이유 간략하게 말하기	길 | 너무 막히다 + 늦었다 미안하다	전화 | 안 받다 + 약속 시간 | 1시간 | 지나다 + 오지 않다 + 걱정 | 많이 했다
3. 연락 못 한 이유 말하기	전화하려고 했다 + 휴대 전화 배터리 | 없었다	지하철 | 타지 않다 + 버스 | 타고 왔다?
4. 늦은 이유 자세히 말하기	보통 | 버스 | 훨씬 빨라서 탔다 + 오늘 | 길 | 너무 막혔다 버스 | 탔다 + 지하철 | 갈아탔다	오늘 | 왜 길 | 막혔다?
5. 길이 막힌 이유 말하기	시청 앞 | 행사 | 있다 + 차 | 꼼짝도 안 했다	힘들었다 | 밥 | 먹으러 가다
6. 사과하기	오늘 늦다 + 정말 미안하다	괜찮다 장소이 씨 | 어쩔 수 없었다

102

모범 대화문입니다.
Sample dialogue.

말하기 과제 수행에 필요한 기능 표현입니다. 살아 있는 표현들이므로 실생활에서 유용하게 사용할 수 있습니다.
Key expressions needed to carry out the speaking task are given. These expressions are useful in everyday life.

교실에서 사용할 수 있는 확장 연습을 제시했습니다. 상황에 맞게 변형하여 활용할 수 있습니다.
Suggestions for further practice are given. The points can be adapted to various situations.

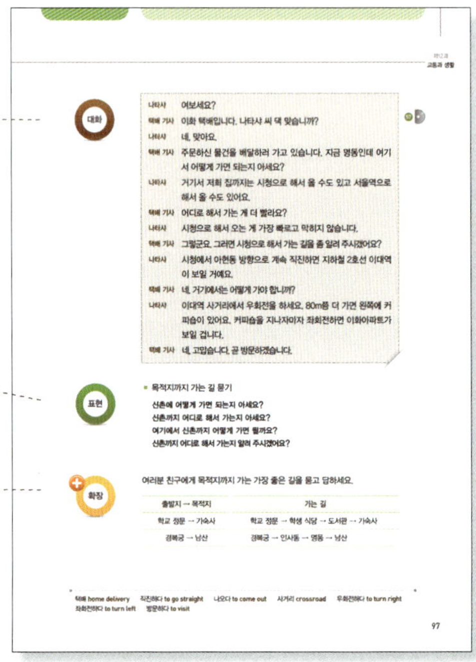
교통과 생활

대화

나타샤 여보세요?
택배 기사 이화 택배입니다. 나타샤 씨 댁 맞습니까?
나타샤 네, 맞아요.
택배 기사 주문하신 물건을 배달하러 가고 있습니다. 지금 명동인데 여기서 어떻게 가면 되는지 아세요?
나타샤 거기서 저희 집까지는 시청으로 해서 올 수도 있고 서울역으로 해서 올 수도 있어요.
택배 기사 어디로 해서 가는 게 더 빨라요?
나타샤 시청으로 해서 오는 게 가장 빠르고 막히지 않습니다.
택배 기사 그렇군요. 그러면 시청으로 해서 가는 길을 좀 알려 주시겠어요?
나타샤 시청에서 아현동 방향으로 계속 직진하면 지하철 2호선 이대역이 보일 거예요.
택배 기사 네, 거기에서는 어떻게 가야 합니까?
나타샤 이대역 사거리에서 우회전을 하세요. 80m쯤 더 가면 왼쪽에 커피숍이 있어요. 커피숍을 지나자마자 좌회전하면 이화아파트가 보일 겁니다.
택배 기사 네, 고맙습니다. 곧 방문하겠습니다.

표현

■ 목적지까지 가는 길 묻기

신촌에 어떻게 가면 되는지 아세요?
신촌까지 어디로 해서 가는지 아세요?
여기에서 신촌까지 어떻게 가면 될까요?
신촌까지 어디로 해서 가는지 알려 주시겠어요?

확장

여러분 친구에게 목적지까지 가는 가장 좋은 길을 묻고 답하세요.

출발지 → 목적지	가는 길
학교 정문 → 기숙사	학교 정문 → 학생 식당 → 도서관 → 기숙사
경복궁 → 남산	경복궁 → 인사동 → 명동 → 남산

택배 home delivery 직진하다 to go straight 나오다 to come out 사거리 crossroad 우회전하다 to turn right 좌회전하다 to turn left 방문하다 to visit

97

Part3

읽고 써 봅시다로 구성되어 있습니다.

This part consists of reading & writing (읽고 써 봅시다) sections.

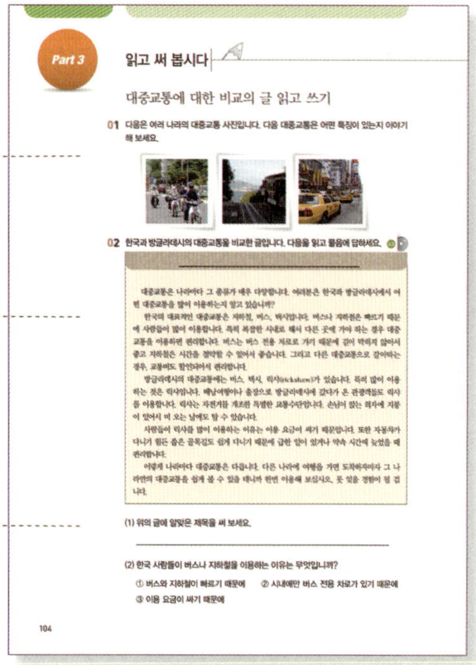
Part 3

읽고 써 봅시다

대중교통에 대한 비교의 글 읽고 쓰기

읽기 전 단계에서 활용하는 활동입니다. 주제와 관련된 정보를 얻고, 어휘나 표현을 확인하는 데 도움이 됩니다.
This exercise gives students information related to the reading task and helps check vocabulary and key expressions.

다양한 유형의 글을 읽기 자료로 제시했습니다.
Various types of texts are presented as reading material.

읽기 단계에서 활용할 이해 확인 문제입니다.
These questions test the students' understanding of the reading material.

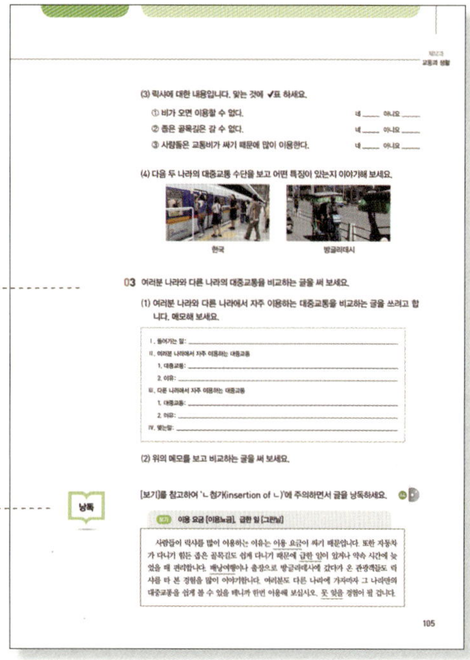

읽기 학습을 쓰기로 연결한 활동입니다. 읽은 글과 유사한 종류의 글을 써 보는 연습입니다.
This exercise links reading with writing. Students practice writing a passage similar to the one they have just read.

발음 현상에 주의하면서 낭독하는 연습 활동입니다.
This is a reading practice with attention to the pronunciation.

Culture & Literature

문화 알아보기와 문학 맛보기로 구성되어 있습니다.

This part gives students an introduction to one aspect of Korean culture (문화 알아보기) and one example of Korean literature (문학 맛보기).

단원 주제와 관련된 문화 내용을 한국어와 외국어로 제시했으며, 사진이나 삽화를 함께 제시했습니다.

One aspect of Korean culture related to the subject of each respective unit is introduced both in Korean and English, accompanied by photos or illustrations.

한국 문화에 대한 이해를 확인하는 질문과 문화상호주의적인 관점에서 자기 나라의 문화와 비교하여 생각해 보는 활동을 제시했습니다.

The culture activity tests the students' understanding of Korean culture and prompts them to think about comparisons with their own cultures.

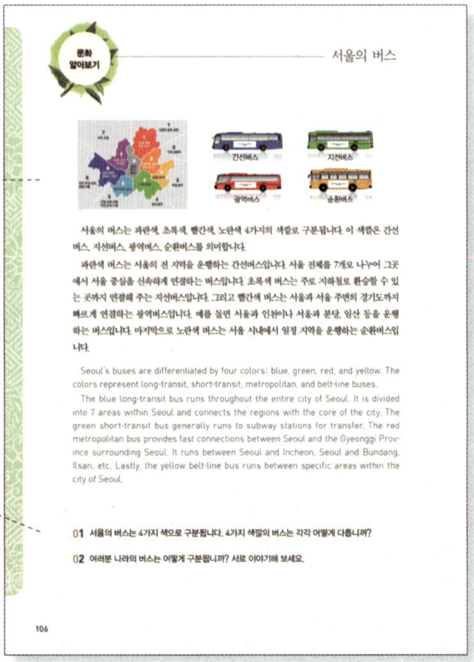

서울의 버스

간선버스 지선버스 광역버스 순환버스

서울의 버스는 파란색, 초록색, 빨간색, 노란색 4가지의 색깔로 구분됩니다. 이 색깔은 간선버스, 지선버스, 광역버스, 순환버스를 의미합니다.

파란색 버스는 서울의 전 지역을 운행하는 간선버스입니다. 서울 전체를 7개로 나누어 그곳에서 서울 중심을 신속하게 연결하는 버스입니다. 초록색 버스는 주로 지하철로 환승할 수 있는 곳까지 연결해 주는 지선버스입니다. 그리고 빨간색 버스는 서울과 서울 주변의 경기도까지 빠르게 연결하는 광역버스입니다. 예를 들면 서울과 인천이나 서울과 분당, 일산 등을 운행하는 버스입니다. 마지막으로 노란색 버스는 서울 시내에서 일정 지역을 운행하는 순환버스입니다.

Seoul's buses are differentiated by four colors: blue, green, red, and yellow. The colors represent long-transit, short-transit, metropolitan, and belt-line buses.

The blue long-transit bus runs throughout the entire city of Seoul. It is divided into 7 areas within Seoul and connects the regions with the core of the city. The green short-transit bus generally runs to subway stations for transfer. The red metropolitan bus provides fast connections between Seoul and the Gyeonggi Province surrounding Seoul. It runs between Seoul and Incheon, Seoul and Bundang, Ilsan, etc. Lastly, the yellow belt-line bus runs between specific areas within the city of Seoul.

01 서울의 버스는 4가지 색으로 구분됩니다. 4가지 색깔의 버스는 각각 어떻게 다릅니까?

02 여러분 나라의 버스는 어떻게 구분됩니까? 서로 이야기해 보세요.

106

한국 문학을 접해 보고 감상해 보는 부분입니다. 단원 주제와 연관된 내용, 단원의 문법이 활용된 작품 중에서 초급에 적절한 것을 수록했습니다.

This section gives students a chance to read and appreciate examples of Korean literature. Works related to the content of each unit and using the same grammatical structures have been selected.

문학 작품을 감상하기 전에 그림이나 사진을 보고 이야기하면서 흥미를 갖도록 하는 부분입니다.

To stimulate their interest in the literary work presented, students discuss the related illustrations (photos) before reading it.

CD에 녹음된 내용을 들으면서 문학 작품을 감상해 보는 것입니다. 문학 작품의 전문 또는 일부를 수록했습니다.

Students listen to the piece of literature on CD. A whole literary text or part of one is presented.

자신의 생각이나 느낌을 표현해 보는 활동입니다.

Students are asked to express their own thoughts or feelings on the literary work.

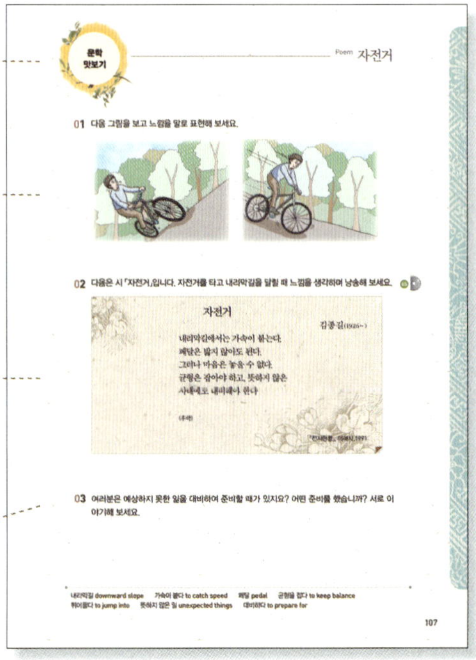

Poem 자전거

01 다음 그림을 보고 느낌을 말로 표현해 보세요.

02 다음은 시 「자전거」입니다. 자전거를 타고 내리막길을 달릴 때 느낌을 생각하며 낭송해 보세요.

자전거

김종길(1926~)

내리막길에서는 가속이 붙는다.
페달은 밟지 않아도 된다.
그러나 마음은 놓을 수 없다.
균형은 잡아야 하고, 뜻하지 않은
사태에도 대비해야 한다

(후략)

03 여러분은 예상하지 못한 일을 대비하여 준비할 때가 있지요? 어떤 준비를 했습니까? 서로 이야기해 보세요.

내리막길 downward slope 가속이 붙다 to catch speed 페달 pedal 균형을 잡다 to keep balance
뛰어들다 to jump into 뜻하지 않은 일 unexpected things 대비하다 to prepare for

107

주요 인물 Main Characters

제8과

외모

Outward Appearance

제 8 과 외모 Outward Appearance

Part 1

준비합시다 **1** -고 있다 **2** -게 **3** 처럼

들어 봅시다 인상착의를 설명하는 대화 듣기
Listening to a conversation explaining appearance

말해 봅시다 친구 마중 부탁하기
Requesting a favor to go greet a friend

Part 2

준비합시다 **1** 마다 **2** ㅎ 불규칙

들어 봅시다 분실물, 미아 찾는 방송 듣기
Listening to an announcement for lost articles and children

말해 봅시다 분실물 센터에서 잃어버린 물건 찾기
Retrieving a lost article at the lost and found office

Part 3

읽고 써 봅시다 이상형에 대한 글 읽고 쓰기
Reading and writing about one's ideal type

CULTURE & LITERATURE

문화 알아보기 관상 Physiognomy

문학 맛보기 수필 Essay 「얼굴」

Part 1

준비합시다

01 –고 있다

여러분은 모르는 사람과 만날 때 자신의 인상착의나 옷차림에 대해 어떻게 설명할까요?

A 미셸 씨, 무슨 옷을 입고 있어요?

B 저는 분홍색 원피스를 입고 있어요.

문법

V + 고 있다

–고 있다 is used to show the ongoing situation of an action's concluded result. It is usually accompanied by the verbs 입다, 신다, 쓰다, etc.

쓰 + 고 있다 → 쓰고 있다　　입 + 고 있다 → 입고 있다

연습

다음 사람들의 옷차림이 어떻습니까? '–고 있다'를 사용해서 말해 보세요.

A 티엔 씨는 무슨 옷을 입고 있어요?

B 티엔 씨는 티셔츠와 청바지를 입고 모자도 쓰고 있어요.

원피스
one-piece dress

02 -게

미용실에서 여러분이 원하는 머리 모양을 말할 때 어떻게 말할까요?

A 앞머리는 어떻게 잘라 드릴까요?

B 조금 짧게 잘라 주세요.

문법

A + 게

-게 is used to express the method or degree of a following action or situation.

예쁘 + 게 → 예쁘게　　짧 + 게 → 짧게

연습

다음에서 알맞은 단어를 골라 대화를 완성하세요.

깨끗하다 · 크다 · 쉽다 · 예쁘다 · 맛있다

보기	A: 사과를 씻을까요? B: 네, 깨끗하게 씻어 주세요.
①	A: 여자 친구가 어떻게 생겼어요? B: 귀엽고 ________________ 생겼어요.
②	A: 잘 들려요? B: 아니요, 잘 안 들려요. 좀 더 ________________ 말씀해 주세요.
③	A: 뭘 이렇게 많이 차리셨어요. B: 차린 것은 없지만 ________________ 드세요.
④	A: 설명을 들었으니까 이제 이해할 수 있겠지요? B: 아니요. 죄송하지만 다시 ________________ 설명해 주시겠어요?

· 앞머리 bangs
· 차리다 to make ready

Part 1

03 처럼

친구의 외모나 행동을 다른 것에 비유해서 말할 때가 있지요? 어떻게 말하면 좋을까요?

A 얀 씨는 어떻게 생겼어요?

B 얀 씨는 모델처럼 멋있게 생겼어요.

문법

N + 처럼

처럼 is used to show the similarity of a form or action with the previous noun. 처럼 can also be substituted with 같이.

가수 + 처럼 → 가수처럼　　인형 + 처럼 → 인형처럼

연습

다음 사람들은 어떻습니까? '처럼'을 사용해서 말해 보세요.

	이름	외모나 행동
보기	마이클	농구 선수 / 키가 크다
①	미셸	한국 사람 / 한국말을 잘하다
②	박현미	미스코리아 / 날씬하다
③	티엔	인형 / 예쁘게 생겼다
④	이치로	아나운서 / 발음이 정확하다
⑤	나타샤	가수 / 노래를 잘 부르다

A 마이클 씨는 키가 커요?

B 네. 농구 선수처럼 키가 커요.

- 모델 model
- 농구 선수 basketball player
- 인형 doll
- 아나운서 announcer
- 정확하다 to be exact

들어 봅시다

인상착의를 설명하는 대화 듣기

01 다음은 졸업식에 온 사람들입니다. 어떤 사람이 가장 멋있습니까? 왜 그렇게 생각합니까? 서로 이야기해 보세요.

02 다음은 장소이 씨와 이정민 씨의 대화입니다. 잘 듣고 물음에 답하세요. 4

(1) 철수 씨의 인상착의는 어떻습니까?

① 청바지를 입고 운동화를 신고 있다.
② 면바지에 셔츠를 입고 안경을 쓰고 있다.
③ 모델처럼 멋있게 입고 꽃다발을 들고 있다.

(2) 이정민 씨 선배의 인상착의는 어떻습니까?

① 안경을 쓰고 양복을 입고 있다.
② 넥타이를 매고 양복을 입고 있다.
③ 키가 크고 옷을 멋있게 입고 있다.

(3) 장소이 씨가 마음에 들어 하는 사람은 누구입니까? 위의 그림에서 고르세요.

- 졸업식 **graduation**
- 인상착의 **appearance**
- 면바지 **cotton pants**
- 셔츠 **shirt**
- 꽃다발 **bouquet**

Part 1

말해 봅시다

친구 마중 부탁하기

친구가 한국에 옵니다. 그렇지만 일이 있어서 공항에 마중하러 갈 수 없습니다. 다른 사람에게 친구의 이름과 인상착의를 알려 주고 마중을 부탁하세요.

Try it!

말풍선을 따라 대화를 구성해 보세요.

	마이클 친구에게 마중을 부탁하려고 합니다. 마중할 사람의 인상착의, 이름, 특징을 알려 주고 비행기 편명도 알려 주세요.	**박영민** 마중할 사람의 인상착의와 비행기 편명을 물어보세요.
1. 시간 있는지 묻기	오후 I 시간 I 있다?	○. 무슨 일?
2. 친구 마중 부탁하기	친구가 한국 I 오다 + 마중하러 가기로 했다 급한 일이 생기다 + 못 가다 영민 씨가 마중하다 + 나가 줄 수 있다?	○. 마중하러 가다 친구 I 어떻게?
3. 인상착의 설명하기	**영화배우** I **예쁘다** I 생겼다 키 I 조금 작다 티셔츠와 청바지 I 입다 + 운동화 I **신다** 이름 I 앨리스	친구 I 한국말 I 잘하다?
4. 특징 설명하기	○. 미국 I 한국말 I 오랫동안 배우다 + **한국 사람** I 잘하다	다행이다 비행기 편명 I 여기 I 써 주다?
5. 비행기 편명 말하기	4시 30분 I 도착하다 I KE 321편	친구 I 만나다 + 바로 전화하다

대화

마이클 영민 씨, 혹시 오후에 시간이 있어요?

박영민 네. 무슨 일이 있어요?

마이클 사실 친구가 오늘 한국에 와서 제가 공항에 마중하러 가기로 했어요. 그런데 갑자기 급한 일이 생겨서 못 갈 것 같아요. 영민 씨가 마중하러 좀 나가 줄 수 있어요?

박영민 그럼요. 제가 마중하러 갈게요. 그런데 친구가 어떻게 생겼어요?

마이클 영화배우처럼 예쁘게 생겼어요. 키는 조금 작아요. 티셔츠와 청바지를 입고 운동화를 신고 있을 거예요. 이름은 앨리스예요.

박영민 앨리스 씨요? 그런데 그 친구는 한국말을 잘해요?

마이클 네. 미국에서 한국말을 오랫동안 배워서 한국 사람처럼 잘해요.

박영민 다행이네요. 그럼 비행기 편명을 여기에 써 주시겠어요?

마이클 비행기는 4시 30분에 도착하는 KE 321편이에요.

박영민 알겠어요. 그럼 친구를 만나면 바로 전화할게요.

표현

■ 인상착의 설명하기

A: 어떻게 생겼어요?
B: 인형같이 생겼어요.
모델처럼 멋있어요.
잘생겨서 영화배우 같아요.
영화배우처럼 예쁘게 생겼어요.

A: 무슨 옷을 입고 있어요?
B: 긴팔 원피스를 입었어요.
검은색 정장 차림이에요.
티셔츠에 청바지를 입고 있어요.

확장

여러분의 친구가 한국에 옵니다. 그런데 여러분은 급한 일이 있어서 친구를 마중하러 갈 수 없습니다. 다른 사람에게 친구의 마중을 부탁하세요.

이름	외모	옷차림	특징
유키	인형같이 귀엽게 생겼다	하늘색 원피스를 입고 있다	한국말을 배우고 있다
크리스	모델처럼 멋있다	회색 양복 차림이다	한국 음식을 좋아하다

· 마중하다 **to go greet** · 급하다 **to be urgent** · 오랫동안 **for a long time** · 다행이다 **to be fortunate** · 편명 **flight number**
· 바로 **right away**

Part 2

준비합시다

01 마다

6

모든 사람들의 외모나 성격이 다르지요? 이것을 어떻게 표현할까요?

A 쌍둥이는 취미도 똑같을까요?

B 아니에요. 사람마다 좋아하는 것이 모두 다르니까요.

문법

N + 마다

마다 is used when all the situations are similar or when each situation repeats itself.

나라 + 마다 → 나라마다　　아침 + 마다 → 아침마다

연습

다음 그림을 보고 '마다'를 사용해서 말해 보세요.

보기

쉬다

①

조깅하다

②

2012년 영국 런던
2008년 중국 베이징
2004년 그리스 아테네

올림픽이 열리다

③

A식당　B식당

조금 맵다　조금 짜다

음식 맛이 다르다

④

미국　태국

인사 방법이 다르다

이화백화점은 월요일마다 쉬어요.

- 쌍둥이 twins
- 올림픽 Olympics
- 열리다 to be held

02 ㅎ 불규칙

가방의 모양이나 색깔을 말하려고 할 때 어떻게 말할까요?

A 무슨 색 가방이에요? 가방이 어떻게 생겼어요?

B 네모난 빨간 가방이에요.

문법

ㅎ 불규칙

Some of the adjectives ending with the stem ㅎ drop the ㅎ when they are followed by an ending that begins with 으. Also, an ending that begins with –아/어 following ㅎ changes to –애/에 or –얘/예. However, 어떻다 changes to 어때요 and 그렇다 to 그래요.

빨갛 + (으)ㄴ → 빨간　　하얗 + (으)ㄴ → 하얀
빨갛 + 아요 → 빨개요　　하얗 + 아요 → 하얘요

연습

다음에서 알맞은 단어를 골라 대화를 완성하세요.

노랗다 · 그렇다 · 파랗다 · 까맣다 · 하얗다 · 동그랗다

보기	A: 무슨 색 꽃을 좋아해요? B: 저는 노란 장미꽃을 좋아해요.
①	A: 장례식에 갈 때 보통 무슨 옷을 입어요? B: 보통 ____________ 정장을 입어요.
②	A: 티엔 씨가 어떻게 생겼어요? B: ____________ 얼굴에 눈이 커서 귀엽게 생겼어요.
③	A: 마이클 씨가 많이 아픈 것 같아요. B: 맞아요. 얼굴이 너무 ____________.
④	A: 어젯밤에 첫눈이 왔어요. B: ____________? 저는 일찍 자서 못 봤어요.
⑤	A: 무슨 계절을 가장 좋아하세요? B: 하늘이 높고 ____________ 가을이 제일 좋아요.

- 네모나다 to be square
- 빨갛다 to be red
- 노랗다 to be yellow
- 동그랗다 to be round
- 그렇다 to be so
- 파랗다 to be blue
- 까맣다 to be black
- 하얗다 to be white
- 장미꽃 rose
- 장례식 funeral
- 첫눈 first snow of the year
- 하늘 sky

어휘

색

8

하얀색(흰색)

노란색

연두색

초록색(녹색)

주황색

빨간색

하늘색

파란색

연분홍색

분홍색

자주색

보라색

갈색

밤색

회색

까만색(검정색)

Part 2

들어 봅시다

분실물, 미아 찾는 방송 듣기

01 여기는 어디일까요? 아이들은 왜 울고 있을까요? 서로 이야기해 보세요.

02 다음은 분실물과 미아를 찾는 방송입니다. 잘 듣고 물음에 답하세요. 9

(1) 첫 번째 방송에서 말한 강아지는 무엇입니까?

①  ②  ③ 

(2) 두 번째 방송에서 말한 아이는 누구입니까?

①  ②  ③ 

(3) 세 번째 방송을 듣고 맞는 것에 ✔표 하세요.

① 이 가방은 모든 주머니에 장식이 있는 까만색 가방이다. 네 ______ 아니요 ______
② 가방에는 손수건, 신용 카드 그리고 책 여러 권이 있다. 네 ______ 아니요 ______
③ 학생증은 빨간색 지갑 안에 있다. 네 ______ 아니요 ______

- 분실물 lost article
- 미아 lost child
- 방송 (broadcast) announcement
- 장식 decoration
- 손수건 handkerchief
- 신용 카드 credit card
- 여러 several
- 학생증 student card

Part 2

말해 봅시다

분실물 센터에서 잃어버린 물건 찾기

교실에서 지갑을 잃어버렸습니다. 학교에 있는 분실물 센터에 가서 잃어버린 지갑의 모양, 색, 들어 있는 물건 등을 설명하세요.

Try it! 말풍선을 따라 대화를 구성해 보세요.

	직원 잃어버린 지갑의 모양을 묻고 물건을 찾은 후 연락을 약속하세요.	장소이 잃어버린 지갑의 모양, 색, 들어 있는 물건 등에 대해서 말하세요.
1. 온 목적 말하기	어떻게 오다?	오늘 아침 | 학교 | 지갑 | 잃어버렸다 **교실** | 모두 찾아봤다 + 없었다 혹시 까만색 지갑 | 있다?
2. 지갑의 모양 말하기	지갑 | 어떻게?	길다 + 네모나게 생겼다
3. 지갑에 대해 자세히 설명하기	잠깐만 이 지갑?	× 천 ×, 가죽으로 되다 | 지갑이다 지갑 | **동그랗다** | 장식이 있다
4. 지갑을 빨리 찾아야 하는 이유 말하기	여기 | 그런 지갑 | 없다	지갑 | 학생증 | 외국인 등록증이 있다 + 빨리 찾아야 되다
5. 찾은 후 연락 약속하기	찾다 | 지갑 | 들어오다 + 바로 연락하다 여기 | 이름 | 연락처 | 써 주다	알겠다 꼭 부탁드리다

대화

10

직원 어떻게 오셨습니까?

장소이 오늘 아침에 학교에서 지갑을 잃어버렸어요. 교실마다 모두 찾아봤지만 없었어요. 혹시 까만색 지갑이 있나요?

직원 지갑이 어떻게 생겼습니까?

장소이 길고 네모나게 생겼어요.

직원 잠깐만 기다려 보세요. 이 지갑입니까?

장소이 아니에요. 천이 아니라 가죽으로 된 지갑이에요. 그리고 지갑에 동그란 장식이 있어요.

직원 여기에 그런 지갑은 없습니다.

장소이 지갑에 학생증이랑 외국인 등록증이 있어서 빨리 찾아야 돼요.

직원 그렇군요. 그럼 학생이 찾는 지갑이 들어오면 바로 연락하겠습니다. 여기에 이름과 연락처를 써 주세요.

장소이 알겠습니다. 꼭 부탁드릴게요.

표현

- 잃어버린 물건 묘사하기

A: 잃어버린 물건이 어떻게 생겼습니까?
B: 작은 노란색 수첩이에요.
가죽으로 된 지갑이에요.
지갑에 동그란 장식이 있어요.
분홍색이고 동그랗게 생겼어요.
어깨에 메는 네모난 가방이에요.

- 잃어버린 물건 찾은 후 연락 약속하기

그런 지갑이 들어오면 바로 연락하겠습니다.
분실물이 들어오는 즉시 알려 드리겠습니다.

확장

여러분은 물건을 잃어버린 적이 있습니까? 분실물 센터에서 잃어버린 물건의 색과 모양 등에 대해서 이야기하고 물건을 찾으세요.

잃어버린 물건	색, 모양, 특징
우산	하얀색에 하늘색 꽃무늬가 있다. 접을 수 있는 3단 우산이다. 아주 작고 가볍다
재킷	갈색 가죽으로 된 재킷이다. 주머니에 자동차 열쇠가 있다. 안쪽에 이름이 있다

· 분실물 센터 lost and found office

Part 3

읽고 써 봅시다

이상형에 대한 글 읽고 쓰기

01 다음 사람 중 여러분의 이상형은 누구입니까? 왜 그 사람이 좋습니까?

02 다음은 미셸 씨가 자신의 이상형에 대해서 쓴 글입니다. 다음을 읽고 물음에 답하세요. 11

내 이상형과 다른 사람

A 내 이상형은 키가 크고 영화배우처럼 잘생긴 사람이다. 나는 옷도 모델같이 멋있게 입는 사람이 좋다. 내가 패션에 관심이 많기 때문에 내 남자 친구도 패션에 관심이 많으면 좋겠다. 그리고 성격은 활발하고 친절해야 하지만 모든 여자들에게 친절한 것은 싫다. 나에게만 잘해 주는 그런 남자가 좋다. 사람마다 생각하는 것이 다르지만 나는 남자의 직업은 크게 상관없다. 다만 나와 자주 만날 수 있도록 시간을 여유롭게 쓸 수 있는 일을 하면 좋겠다. 내가 눈이 높은 걸까? 그래서 그런지 나는 아직까지 남자 친구가 없다.

B 왜냐하면 그 사람의 외모는 내가 원하는 이상형과 달랐기 때문이다. 그 사람은 키도 별로 크지 않았고 얼굴도 잘생기지 않았다. 또 그 사람은 어울리지 않는 노란색 셔츠를 입고 있었다. 그래서 그 사람에 대한 첫인상은 좋지 않았다.

C 그런데 어제 친구가 남자를 한 명 소개해 주었다. 소개하기 전에 내 친구는 그 사람에 대해서 "정말 멋있는 사람이에요."라고 말했다. 그래서 나는 기대를 많이 했다. 그렇지만 나는 그 사람을 보고 실망했다.

D 그런데 생각보다 그 사람과 말이 잘 통했다. 그래서 즐겁게 이야기를 나눌 수 있었고 이야기를 하는 중에 그 사람의 성격이 활발하고 좋은 것을 알았다. 또 그 사람은 아주 친절한 사람이었다. 역시 경험해 보지 않고 외모로만 사람을 판단하면 안 될 것 같다.

- 이상형 **ideal type**
- 활발하다 **to be active**
- 상관없다 **to be irrelevant**
- 다만 **however**
- 여유롭다 **to be leisurely**
- 눈이 높다 **to have a high taste**
- 첫인상 **first impression**
- 실망하다 **to be disappointed**
- 말이 통하다 **to communicate well**
- 판단하다 **to judge**

(1) 글의 순서를 맞춰 보세요.

(A) ⇨ ( ) ⇨ ( ) ⇨ ( )

(2) 맞는 것에 ✓표 하세요.

① 좋은 직업을 가진 남자가 내 이상형이다. 네 ____ 아니요 ____

② 소개받은 사람은 친절하고 좋았다. 네 ____ 아니요 ____

③ 이야기를 하는 중에 그 사람의 장점을 알았다. 네 ____ 아니요 ____

(3) 다음은 미셸 씨가 소개받은 남자입니다. 이 남자의 외모, 옷차림, 성격은 어떨습니까? 표에 메모하고 이야기해 보세요.

외모	
옷차림	
성격	

03 이상형에 대한 글을 써 보세요.

(1) 여러분이 생각하는 이상형에 대한 글을 쓰려고 합니다. 이상형에 대해서 간단히 메모해 보세요.

Ⅰ. 외모 : ____

Ⅱ. 성격 : ____

Ⅲ. 직업 : ____

Ⅳ. 기타 : ____

(2) 위의 메모를 바탕으로 여러분의 이상형에 대한 글을 써 보세요.

낭독

[보기]를 참고하여 'ㅎ 받침'의 발음에 주의하면서 글을 낭독하세요. 12

보기 않았고 [아낟꼬], 않았다 [아낟따]

그 사람의 외모는 내 이상형과 달랐다. 키도 별로 크지 않았고 얼굴도 잘생기지 않았다. 그래서 그 사람의 첫인상은 좋지 않았다.

그런데 생각보다 말이 잘 통했다. 그래서 즐겁게 이야기를 나눌 수 있어서 좋았다. 이렇게 이야기를 하는 중에 그 사람의 성격이 활발하고 좋은 것을 알았다. 역시 경험해 보지 않고 외모로만 사람을 판단하면 안 될 것 같다.

문화 알아보기

관상

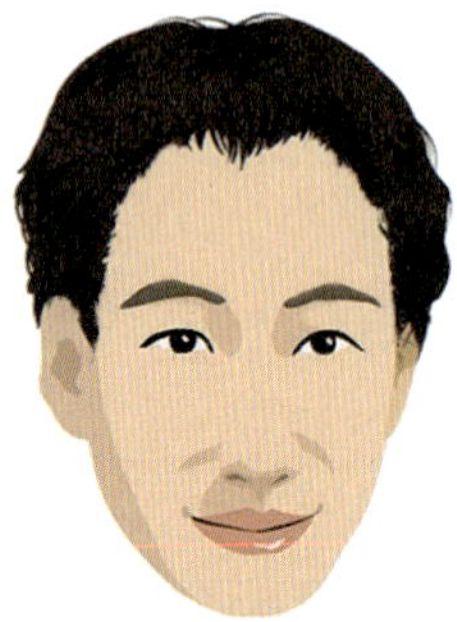

사람들은 보통 자신의 미래나 운명을 궁금해합니다. 그래서 한국에서는 여러 가지 방법으로 운명을 점쳐 보는데, 그중 하나가 관상입니다. 관상의 기본은 자신의 운명이 자신의 얼굴에 나타난다는 것입니다.

예를 들어 눈은 그 사람의 정신과 마음을 나타냅니다. 그래서 눈동자가 까맣고 눈이 맑은 사람은 착하기 때문에 복을 많이 받는다고 합니다. 눈썹은 대인관계를 말합니다. 눈썹이 진하고 숱이 많은 사람은 대인관계가 좋다고 합니다. 또한 코는 그 사람의 금전운을 나타내는데, 코가 길고 곧게 뻗어 있으면 돈을 많이 벌 수 있습니다. 반면 콧구멍이 크고 넓으면 돈을 잘 모을 수 없습니다. 그리고 입술은 건강과 관련이 있어서 입술이 빨갛고 도톰하면 평생 건강하다고 합니다.

그렇지만 얼굴보다 중요한 것은 마음이라고 합니다. 즉 착한 마음을 가진 사람이 복을 받고 잘살 수 있다는 것입니다.

People are usually curious about their future or fate. There are various ways to tell our fortune in Korea, and one of them is physiognomy. The basis of physiognomy is that one's fate is shown on the face.

For example, the eyes reveal the spirit and mind of a person. People with black pupils and pure eyes supposedly have great luck because they have a good heart. People with thick and hairy eyebrows are said to have good personal relationships. The nose represents a person's financial luck. People with a long and straight nose will become rich whereas people with large nostrils will not be able to save a lot of money. The lips are related to health and it is said that people with red and plump lips will be healthy throughout their lives.

However, the heart is more important than the face. In other words, it is those with a good heart who will be blessed and live well.

01 관상은 무엇입니까? 관상을 통해서 무엇을 알 수 있습니까?

02 여러분 나라에도 얼굴을 보고 그 사람의 성격이나 운명을 이야기합니까? 또 다른 방법이 있습니까? 서로 이야기해 보세요.

문학 맛보기

Essay 얼굴

01 다음 사람 중에서 어떤 사람이 더 마음에 듭니까? 서로 이야기해 보세요.

02 다음은 수필 「얼굴」의 일부입니다. 나는 왜 아버지에게 편지를 보냈고 아버지는 나에게 어떤 답장을 보냈는지 생각하면서 읽어 보세요. 13

얼굴

조경희(1918~2005)

얼굴은 가지각색이다. 둥근 얼굴, 긴 얼굴, 꺼먼 얼굴, 하얀 얼굴, 누런 얼굴, 다 각각 다르다. 얼굴은 모양과 색깔이 다를 뿐만 아니라, 얼굴을 구성하고 있는 눈, 코, 입 어느 한 부분도 똑같지가 않다. (중략)

지금도 내 얼굴의 생김생김이나 그 인상이 별로 좋지는 않지만, 일찍이 나는 얼굴이 예쁘지 못한 것을 비관까지 한 일이 있다. 여학교 2학년 때라고 생각된다. 나하고 아주 친하게 지내던 상급생 언니가 나를 통해서 알게 된 나의 친구를 나보다 더 좋아하는 일이 생겼다. 나는 한꺼번에 두 사람을 잃어버린 것이다. (중략) 그때, 나는 내 친구가 나보다 훨씬 예쁘기 때문에 내가 패배한 것이라 생각하고 그 당시 외국에 계시던 아버지에게 왜 나를 보기 싫게 낳아 주셨느냐는 원망하는 내용의 글월을 보냈었다. 그때, 아버지께서는, "인간은 본시 예뻐야 잘사는 것은 아니다. 마음이 아름다워야 훌륭한 삶을 이룩할 수 있다."라는 뜻의 글월을 보내 주셨다.

「얼굴」, 범우사, 1977

03 자신의 얼굴 중에서 마음에 드는 부분은 어디이고 마음에 들지 않는 부분은 어디입니까? 서로 이야기해 보세요.

가지각색 all kinds · 꺼멓다 to be black · 누렇다 to be yellow · 각각 each · 구성하다 to form · 생김생김(=생김새) looks · 인상 impression · 비관하다 to be pessimistic · 상급생 senior student · 패배하다 to be defeated · 당시 at that time · 원망하다 to blame · 글월 letter · 본시 originally · 훌륭하다 to be great · 삶 life · 이룩하다 to achieve

제9과

특별한 날

Special Days

제9과 특별한 날 Special Days

Part 1

준비합시다 — 1 (이)나, 밖에 2 -(으)면서 3 -(으)ㄴ/는데

들어 봅시다 — **돌잔치에 대한 대화 듣기**
Listening to a conversation on a baby's first birthday party

말해 봅시다 — **야유회 옷차림에 대한 조언 구하기**
Asking advice on outfit for a picnic

Part 2

준비합시다 — 1 에서도, 에서만 2 -고 나서

들어 봅시다 — **설날에 대한 정보 듣기**
Listening to information on 설날(New Year's Day)

말해 봅시다 — **연휴 계획 세우기**
Making plans for the holidays

Part 3

읽고 써 봅시다 — **일기 읽고 쓰기**
Reading and writing a journal

CULTURE & LITERATURE

문화 알아보기 — **돌과 환갑** First birthday and 60th birthday

문학 맛보기 — **노래** Song **「설날」**

Part 1

준비합시다

01 (이)나, 밖에

오늘부터 7월이 시작됩니다. 여러분에게 반년은 빨리 지나갔습니까? 천천히 지나갔습니까?

A 올해도 벌써 반이나 지났어요.

B 반이요? 아직 반밖에 안 지났어요?

문법

N + (이)나, 밖에

(이)나 is used when the quantity has reached over the estimate or is a substantial amount.

다섯 개 + 나 → 다섯 개나　　열 권 + 이나 → 열 권이나

밖에 is used when the quantity is less than the estimate. It is followed by a negation.

하나 + 밖에 → 하나밖에　　세 명 + 밖에 → 세 명밖에

연습

다음 두 사람의 생각을 '(이)나', '밖에'를 사용해서 말해 보세요.

	마이클의 상황	마이클의 생각	장소이의 생각
보기	일주일에 3번 외식하다	많다	적다
①	매일 7시간 자다	많다	적다
②	한 달에 책을 2권 읽다	적다	많다
③	하루에 1시간 운동하다	적다	많다
④	하루에 커피를 3잔 마시다	많다	적다
⑤	한 달에 용돈으로 50만 원을 받다	적다	많다

A 마이클 씨는 일주일에 몇 번 외식해요?

B 저는 3번이나 외식해요.

A 그래요? 3번밖에 안 해요?

· 외식하다 to eat out

02 -(으)면서

15

어떤 두 가지 일을 동시에 하고 있을 때 어떻게 말하면 좋을까요?

A 좀 전에 왜 전화를 안 받았어요?

B 음악을 들으면서 청소를 해서 전화 소리를 못 들었어요.

문법

V + (으)면서

-(으)면서 is used when carrying out two or more actions simultaneously.

consonant + 으면서 예 읽으면서 vowel, ㄹ + 면서 예 가면서, 만들면서

연습

다음 사람들은 무엇을 하고 있습니까? '-(으)면서'를 사용해서 말해 보세요.

보기

마이클

①

미셸

②

나타샤

③

장소이

④

왕카이

A 마이클 씨는 지금 뭐 하고 있어요?

B 식사하면서 이야기하고 있어요.

· 소리 sound

Part 1

03 -(으)ㄴ/는데

16

결혼식에 입고 갈 옷을 친구에게 물어보려고 합니다. 어떻게 물어보면 좋을까요?

A 결혼식에 가는데 뭘 입는 게 좋을까요?

B 정장을 입는 게 좋겠어요.

문법

A/V + (으)ㄴ/는데

-(으)ㄴ/는데 is used to suggest the background or situation of the details one is trying to describe.

- A consonant + 은데 예 작은데, 좋은데 vowel, ㄹ + ㄴ데 예 예쁜데, 먼데
- V consonant, vowel + 는데 예 먹는데, 가는데, 만드는데
- A/V past: 았/었는데 예 작았는데, 예뻤는데, 멀었는데, 먹었는데, 갔는데, 만들었는데

Tip 이다 becomes 인데 and 아니다 becomes 아닌데.
예 학생이다 → 학생인데 학생이 아니다 → 학생이 아닌데

연습

미셸 씨에 대해서 설명하려고 합니다. '-(으)ㄴ/는데'를 사용해서 말해 보세요.

	정보	구체적인 내용
보기	프랑스에서 왔다	영어도 잘하고 한국어도 잘하다
①	운동을 좋아하다	요즘은 바빠서 운동을 자주 못 하다
②	한국 요리를 잘하다	특히 된장찌개를 맛있게 끓이다
③	하숙집에서 살다	하숙집이 학교에서 좀 멀다
④	모자가 많다	모자 중에서 빨간색 야구 모자를 제일 좋아하다
⑤	티엔 씨와 이번 학기에 같은 반이다	지난 학기에도 두 사람은 같은 반이었다

A 미셸 씨는 프랑스에서 왔어요?

B 네. 프랑스에서 왔는데 영어도 잘하고 한국어도 잘해요.

· 학기 semester
· 같다 to be the same

들어 봅시다

돌잔치에 대한 대화 듣기

01 다음은 언제 찍은 사진일까요? 이날에 무엇을 할까요? 서로 이야기해 보세요.

02 다음은 장소이 씨와 한준영 씨의 대화입니다. 잘 듣고 물음에 답하세요. 17

(1) 한준영 씨는 무슨 잔치에 갔습니까?

① 친구의 생일을 축하하는 잔치
② 아기의 장래를 추측해 주는 잔치
③ 조카의 첫 번째 생일을 축하하는 잔치

(2) 한준영 씨의 조카가 잡은 돌잡이 물건과 그 의미가 맞는 것은 무엇입니까?

① 돈 – 부자가 될 것이다.
② 청진기 – 오래 살 것이다.
③ 연필 – 공부를 잘할 것이다.

(3) 맞는 것에 ✔표 하세요.

① 한준영 씨는 지난 주말에 집에 친구들을 초대했다. 네 _____ 아니요 _____
② 한준영 씨 조카의 돌잡이 물건에는 청진기가 있었다. 네 _____ 아니요 _____
③ 장소이 씨는 한국의 돌잔치에 가 본 적이 있다. 네 _____ 아니요 _____

- 잔치 **party**
- 장래 **future**
- 조카 **nephew or niece**
- 잡다 **to grab**
- 돌잡이 **articles laid out for the baby to pick from**
- 청진기 **stethoscope**
- 부자 **rich person**
- 돌잔치 **first birthday party**

Part 1

말해 봅시다

야유회 옷차림에 대한 조언 구하기

야유회에 가려고 합니다. 친구에게 야유회에 적당한 옷차림에 대해 조언을 구하세요.

Try it!

말풍선을 따라 대화를 구성해 보세요.

	장소이 야유회에 입고 갈 옷차림에 대해 친구에게 조언을 구하세요.	박현미 장소이 씨에게 야유회 옷차림에 대해 조언하세요.
1. 야유회 옷차림에 대해 묻고 답하기	이번 주말에 야유회를 가다 ǀ 뭘 입고 가다?	날씨가 덥다 + 반바지를 입다 장소이 씨?
2. 기본 옷차림과 모자에 대해 말하기	긴 바지를 입다 바지가 **다섯 개** ǀ **있다** + 반바지는 없다	긴 바지도 괜찮다 모자는 있다? 햇볕이 강하다 + 모자도 필요하다
3. 모자 구입에 대해 말하기	내일 명동에 쇼핑하다 + **가다** + 거기에서 사다	**쇼핑하다** + 그 옷 ǀ 어울리는 모자 ǀ 골라 보다
4. 더 필요한 것에 대해 묻고 답하기	또 필요한 건?	긴팔 옷도 가져가다 + 좋다 해가 지다 + 쌀쌀하다
5. 동의하기	긴팔 옷 ǀ 가지고 가다	그게 좋다

대화

18

장소이 현미 씨, 이번 주말에 야유회를 갈 때 뭘 입고 갈 거예요?
박현미 저는 날씨가 더워서 반바지를 입으려고 해요. 장소이 씨는요?
장소이 저는 긴 바지를 입으려고요. 바지가 다섯 개나 있는데 반바지는 없어서요.
박현미 긴 바지도 괜찮을 거예요. 그런데 모자는 있어요? 요즘은 햇볕이 강하니까 모자도 필요할 것 같아요.
장소이 그래요? 그럼 내일 명동에 쇼핑하러 가는데 거기에서 하나 살래요.
박현미 그러세요. 쇼핑하면서 그 옷에 어울리는 모자도 골라 보세요.
장소이 또 필요한 건 없어요?
박현미 아, 긴팔 옷도 가져가면 좋을 거예요. 해가 지면 조금 쌀쌀하거든요.
장소이 그래요? 그럼 긴팔 옷도 가지고 갈게요.
박현미 그게 좋겠어요.

표현

- 옷차림에 대한 조언 구하기

뭘 입는 게 좋아요?
뭘 입고 갈 거예요?
무슨 옷이 좋을까요?
어떤 옷차림이 좋겠어요?
뭘 입고 가는 게 좋을까요?
어떤 옷차림을 하는 게 좋을까요?

확장

산이나 바다에 가려고 합니다. 무슨 옷을 준비해 가는 게 좋을까요? 적당한 옷차림과 준비해야 할 것에 대해 조언을 구하세요.

가는 곳	준비 상황
산	등산복은 있다, 모자도 여러 개 있다, 등산화는 없다
바다	수영복은 여러 벌 있다, 선글라스는 없다, 슬리퍼도 있다

· 야유회 **picnic** · 옷차림 **outfit** · 반바지 **shorts** · 햇볕 **sunshine** · 긴팔 옷 **long-sleeve shirt** · 해가 지다 **to set (the sun)**

Part 2

준비합시다

01 에서도, 에서만

19

여러분 나라에서는 보통 어디에서 결혼을 합니까? 결혼식을 하는 여러 장소들을 말할 때 어떻게 말하면 좋을까요?

A 한국 사람들은 보통 어디에서 결혼식을 해요?

B 예식장에서도 하지만 호텔이나 교회에서도 결혼식을 해요.

문법

N + 에서도, N + 에서만

Two or more postpositions may be used together following a certain order. Examples include 에도, 에만, 에서도, 에서만, (으)로도, (으)로만, etc.

학교 + 에도 → 학교에도　　집 + 에만 → 집에만　　학교 + 에서도 → 학교에서도
집 + 에서만 → 집에서만　　지하철 + 로도 → 지하철로도　　버스 + 로만 → 버스로만

연습

다음에서 알맞은 단어를 골라 대화를 완성하세요.

에도 · 에만 · 에서도 · 에서만 · (으)로도 · (으)로만

보기	약국	~~편의점~~	A: 이 약은 편의점에서도 살 수 있어요? B: 아니요. 약국에서만 살 수 있어요.
①	인천공항	김포공항	A: 일본에 가는 비행기는 인천공항에서만 출발해요? B: 아니요. ________________ 출발해요.
②	경주	부산	A: 이번 휴가 때 경주에만 가요? B: 아니요. ________________ 가요.
③	1층	~~3층~~	A: 커피 자동판매기는 1층하고 3층에 있지요? B: 아니요. 3층에는 없어요. ________________ 있어요.
④	~~이메일~~	휴대 전화	A: 선생님에게 이메일로도 연락했어요? B: 아니요. ________________ 연락했어요.
⑤	전화	인터넷	A: 호텔 예약은 전화로만 할 수 있어요? B: 아니요. ________________ 할 수 있어요.

· 예식장 ceremony hall
· 교회 church
· 자동판매기 vending machine

02 -고 나서

20

어떤 일을 끝내고 그 다음에 한 일을 말할 때 어떻게 말하면 좋을까요?

A 생일 파티가 재미있었어요?

B 네. 친구들과 식사하고 나서 노래방에도 갔어요.

문법

V + 고 나서

-고 나서 is used for a new situation or new action after a certain action has been completed.

가 + 고 나서 → 가고 나서　　먹 + 고 나서 → 먹고 나서　　만들 + 고 나서 → 만들고 나서

연습

다음 일을 언제 할 것인지 '-고 나서'를 사용해서 말해 보세요.

보기	대학을 졸업하다	→	그 사람과 결혼하다
①	빨래를 하다	→	청소를 하다
②	이 일을 끝내다	→	모임 장소로 출발하다
③	은행에서 돈을 찾다	→	부모님 선물을 사러 가다
④	친구에게서 전화를 받다	→	친구에게 답장을 쓰다
⑤	6급까지 한국어 수업을 마치다	→	고향에 돌아가다

A 언제 그 사람과 결혼할 거예요?

B 대학을 졸업하고 나서 결혼할 거예요.

어휘

설날

21

떡국을 먹다

세배를 하다

세뱃돈을 받다

추석

송편을 만들다

보름달을 구경하다

소원을 빌다

명절

차례를 지내다

전통 놀이를 하다

성묘를 하다

Part 2

들어 봅시다

설날에 대한 정보 듣기

01 설날에 다음 사람들은 무엇을 하고 있습니까? 서로 이야기해 보세요.

02 다음은 박영민 씨와 마이클 씨의 대화입니다. 잘 듣고 물음에 답하세요. 22

(1) 한국 사람들이 설날에 하는 것이 아닌 것은 무엇입니까?

① 가족들이 모두 모여 같이 시간을 보낸다.

② 떡국도 먹고 차례도 지낸다.

③ 친구들에게 세배를 한다.

(2) 박영민 씨와 마이클 씨는 설날에 무엇을 할 겁니까?

① 두 사람은 박영민 씨 집에서 지낼 것이다.

② 두 사람은 같이 설날 음식을 만들 것이다.

③ 두 사람은 반 친구들과 윷놀이를 할 것이다.

(3) 맞는 것에 ✔표 하세요.

① 설날 아침에 차례를 지낸 후에 떡국을 먹는다. 네 ____ 아니요 ____

② 세배를 할 때 "새해 복 많이 받으세요."라고 인사말도 한다. 네 ____ 아니요 ____

③ 마이클 씨는 박영민 씨 가족을 만난 적이 있다. 네 ____ 아니요 ____

· 복 blessing

Part 2

말해 봅시다

연휴 계획 세우기

추석 연휴에 할 일을 계획하려고 합니다. 추석 연휴에 무엇을 할지 계획을 세워 보세요.

Try it!

말풍선을 따라 대화를 구성해 보세요.

장소이
이치로 씨에게 연휴 계획을 묻고 자신의 계획을 말해 보세요.

이치로
장소이 씨의 연휴 계획을 듣고 장소이 씨의 제안에 동의하세요.

1. 연휴 계획 묻기
   - 장소이: 추석 연휴에 뭐 하다?
   - 이치로: 아직 잘 모르다
장소이 씨?

2. 연휴 첫날 계획 답하기
   - 장소이: 연휴 **첫날** | 집 |
책도 읽고 음악도 듣다 + 쉬다
   - 이치로: **그 다음 날?**

3. 연휴 둘째 날 계획 말하기
   - 장소이: 한옥 마을 | 가다
거기에 가다 + 송편을 만들다 + 먹을 수 있다 + 전통 놀이도 해 볼 수 있다
   - 이치로: 추석 행사는 **한옥 마을** | 하다?

4. 둘째 날 계획에 대한 정보 주기
   - 장소이: ×. 경복궁이나 **서울광장** | 하다
   - 이치로: **서울광장?**

5. 다른 계획 말하기
   - 장소이: ○. **거기** | 탈춤 공연을 하다
한옥 마을 | 추석 행사를 **구경하다** + **서울광장** | 가다
   - 이치로: 재미있겠다

6. 같이 갈 것을 제안하기
   - 장소이: 이치로 씨도 같이 가다?
   - 이치로: 좋다
기대가 되다

대화

23

장소이 이치로 씨, 추석 연휴에 뭐 할 거예요?
이치로 글쎄요. 아직 잘 모르겠어요. 장소이 씨는요?
장소이 저는 연휴 첫날에는 집에서 책도 읽고 음악도 들으면서 쉬려고 해요.
이치로 그래요? 그럼 그 다음 날에는요?
장소이 한옥 마을에 가려고 해요. 거기에 가면 송편도 만들어서 먹을 수 있고 한국의 전통 놀이도 직접 해 볼 수 있거든요.
이치로 그렇군요. 그런데 추석 행사는 한옥 마을에서만 해요?
장소이 아니요. 경복궁이나 서울광장에서도 해요.
이치로 서울광장에서도요?
장소이 네. 거기에서는 탈춤 공연을 해요. 저는 한옥 마을에서 추석 행사를 구경하고 나서 서울광장에도 갈 거예요.
이치로 재미있겠어요.
장소이 그럼 이치로 씨도 같이 갈래요?
이치로 네, 좋아요. 벌써부터 기대가 돼요.

표현

- 계획을 정하지 못했음을 말하기

A : 연휴에 뭐 할 거예요?
B : 아직 못 정했어요.
아직 잘 모르겠어요.
특별한 계획이 없어요.
아직 생각 못 해 봤어요.

- 어떤 일에 대한 기대를 표현하기

기대가 커요
기대가 되는군요.
벌써부터 기다려져요.
벌써부터 기대가 돼요.

확장

여러분은 연휴에 무엇을 할 겁니까? 특별한 계획이 있습니까? 서로 이야기해 보세요.

연휴	계획
여름휴가	첫째 날 : 여행 준비물을 사다, 여행 가방을 싸다
	둘째 날 : 부산에 여행을 가다 바다에서 해수욕을 하다 → 시장에서 쇼핑을 하다 → 멋진 카페에 가다
크리스마스	첫째 날 : 가족과 같이 보내다, 가족과 같이 요리를 하다
	둘째 날 : 집에서 친구들과 파티를 하다 식사를 하다 → 차와 케이크를 먹다 → 노래방에 가다

· 연휴 **long weekend** · 행사 **event** · 기대가 되다 **to look forward to**

Part 3

읽고 써 봅시다

일기 읽고 쓰기

01 다음 사람들은 추석에 무엇을 했습니까?

02 다음은 장소이 씨가 추석에 경험한 내용을 쓴 일기입니다. 다음을 읽고 물음에 답하세요. 24

10월 6일 (금)

오늘은 추석이다. 나는 추석을 직접 경험해 보고 싶어서 우리 반 친구 이치로 씨와 함께 한옥 마을에 갔다.

한옥 마을에는 한복을 입은 사람들이 많았다. 그래서 추석 기분을 더 느낄 수 있었다. 우리는 먼저 송편을 만드는 곳으로 갔다. 아침에 하숙집에서 먹은 송편은 하얀색이었는데 거기에는 노란색, 초록색, 자주색 등 여러 색의 송편이 있었다. 색마다 맛도 달랐는데 초록색 송편이 가장 맛있었다. 송편을 먹고 나서 한복을 입어 보는 곳으로 갔다. 한복은 인기가 많아서 그곳에서만 30분 이상 기다려야 했다. 30분 후에 한복을 입고 사진도 찍었다.

그 다음에는 전통 놀이도 구경했다. 특히 제기차기는 수업 시간에 공부한 적이 있어서 해 보고 싶었다. 그런데 생각보다 어려워서 거의 모든 사람들이 제기차기를 두세 번밖에 못 했다. 그렇지만 이치로 씨는 열 번이나 해서 사람들의 박수를 받았다.

오늘 나는 송편도 먹고 전통 놀이도 하면서 한국 사람들의 정을 느끼고 한국 문화도 느낄 수 있었다. 정말 의미 있는 시간이었다. 중국에 돌아간 후에도 오늘의 경험을 잊지 못할 것 같다.

(1) 내용과 맞지 않는 것은 무엇입니까?

① 장소이 씨는 같은 반 친구와 함께 한옥 마을에 갔다.

② 장소이 씨는 수업 시간에 제기차기를 배운 적이 없다.

③ 장소이 씨는 한옥 마을에서 한국의 추석을 느낄 수 있었다.

- 제기차기 game of shuttlecock
- 정 sentiment
- 잊다 to forget

(2) 맞는 것에 ✔표 하세요.

① 한복을 입으려고 기다리는 사람이 많았다. 네 _____ 아니요 _____

② 장소이 씨는 초록색 송편을 가장 맛있게 먹었다. 네 _____ 아니요 _____

③ 이치로 씨는 제기차기를 처음 해서 두 번밖에 못 찼다. 네 _____ 아니요 _____

(3) 다음 그림을 보고 장소이 씨가 한옥 마을에서 한 일을 순서에 맞게 번호를 써 보세요. 그리고 순서대로 이야기해 보세요.

(1)

(   )

(   )

(   )

03 특별한 날에 한 일을 일기로 써 보세요.

(1) 특별한 날에 한 일을 일기로 쓰려고 합니다. 날짜와 요일, 경험한 일과 느낌을 메모해 보세요.

Ⅰ. 날짜와 요일 : _________ 월 _________ 일 (________ 요일)
Ⅱ. 경험한 일 : ____
____
Ⅲ. 느낌 : ____

(2) 위의 메모를 바탕으로 특별한 날에 대한 일기를 써 보세요.

낭독

[보기]를 참고하여 '의'의 발음에 주의하면서 글을 낭독하세요. 25

보기 의미 [의미], 사람들의 [사람들의], [사람드레], 거의 [거의], [거이]

특히 제기차기는 수업 시간에 공부한 적이 있어서 해 보고 싶었다. 그런데 생각보다 어려워서 거의 모든 사람들이 제기차기를 두세 번밖에 못 했다. 그렇지만 이치로 씨는 열 번이나 해서 사람들의 박수를 받았다.

오늘 나는 송편도 먹고 전통 놀이도 하면서 한국 사람들의 정을 느끼고 한국 문화도 느낄 수 있었다. 정말 의미 있는 시간이었다. 중국에 돌아간 후에도 오늘의 경험을 잊지 못할 것 같다.

문화 알아보기

돌과 환갑

한국에는 다른 생일보다 더 많이 축하해 주는 특별한 생일이 있습니다. 그중의 하나는 돌이고 다른 하나는 환갑입니다.

돌은 아기의 첫 번째 생일을 말합니다. 이날 아기의 부모는 가족이나 친구들을 초대해서 아기의 돌을 축하하는 돌잔치를 합니다. 또 돌상을 차리고 돌잡이도 합니다. 손님들은 아기의 돌을 축하하며 아기 옷이나 돈, 금반지를 선물합니다.

환갑은 만 60세가 되는 생일로 회갑이라고도 합니다. 이날 자식들은 친척들과 부모님의 친구들을 초대해서 부모님의 환갑을 축하하는 잔치를 엽니다. 그렇지만 요즘은 평균 수명이 길어져서 가족끼리만 모여서 식사를 하기도 합니다. 또 잔치 대신에 부모님을 여행 보내 드리는 경우도 많습니다.

There are special birthdays in Korea that are considered more important than other birthdays. One is the very first birthday and the other is the 60th birthday.

돌 is the baby's first birthday. A party is held with the family and friends of the baby's parents. A birthday feast is laid out and articles are placed out before the baby to grab. The guests celebrate the baby's birthday and bring gifts of baby clothes, money, or gold rings.

The 60th birthday is known as 환갑 or also 회갑. On this day, the children invite the relatives and friends of their parents to congratulate the parents' 60th birthday. However, due to the higher life expectancy, these days the birthday is celebrated by sharing a meal with close family. Moreover, many plan a trip for their parents instead of a birthday party.

01 돌과 환갑은 몇 번째 생일입니까? 이날에는 보통 무엇을 합니까?

02 여러분 나라에도 특별하게 축하해 주는 생일이 있습니까? 그 생일은 언제입니까? 서로 이야기해 보세요.

문학 맛보기

Song 설날

01 여러분은 설날에 보통 무엇을 합니까? 서로 이야기해 보세요.

02 다음은 노래 「설날」입니다. 노래에 나타난 설날의 느낌이 어떤 것인지 생각하면서 들어 보세요. 26

설날

윤극영(1903~1988)

까치 까치 설날은 어저께고요
우리 우리 설날은 오늘이래요
곱고 고운 댕기도 내가 드리고
새로 사 온 신발도 내가 신어요

『윤극영 111곡집』, 세광출판사, 1963

03 여러분 나라에도 즐겁고 기대되는 날이 있습니까? 어떤 날입니까? 서로 이야기해 보세요.

까치 magpie · 어저께 yesterday · 곱다 to be fair · 댕기 (pigtail) ribbon · 드리다 to tie · 새로 newly · 사 오다 to buy

제10과

공공장소

Public Places

제 10 과 공공장소 Public Places

Part 1

준비합시다	1 -는 대로　2 -(으)ㄹ 것
들어 봅시다	비자 연장에 대한 대화 듣기 Listening to a conversation on visa extensions
말해 봅시다	우체국에서 소포 보내기 Sending a package at the post office

Part 2

준비합시다	1 대신(에)　2 -는 길에　3 -다가
들어 봅시다	도서관 자료 검색에 대한 대화 듣기 Listening to a conversation on searching library materials
말해 봅시다	은행에서 현금 카드 만들기 Applying for a cash card at the bank

Part 3

읽고 써 봅시다	규칙을 어긴 경험담 읽고 쓰기 Reading and writing about an experience on breaking the rules

CULTURE & LITERATURE

문화 알아보기	공공 기관의 업무 시간 Working hours of public institutions
문학 맛보기	시 Poem 「은행잎 편지」

Part 1

준비합시다

01 -는 대로

27

회의를 시작하려고 하는데 아직 몇 사람이 안 왔습니다. 사람들이 오면 바로 회의를 시작하려고 할 때 어떻게 말하면 좋을까요?

A 회의는 언제 시작해요?

B 사람들이 모두 도착하는 대로 시작하겠습니다.

문법

V + 는 대로

-는 대로 is used when the mentioned action or situation is at that very moment or immediately after.

가 + 는 대로 → 가는 대로　　받 + 는 대로 → 받는 대로　　만들 + 는 대로 → 만드는 대로

연습

다음 사람들은 일을 어떤 순서로 할까요? '-는 대로'를 사용해서 말해 보세요.

	이름	일의 진행		
보기	마이클	공항에 도착하다	→	부모님께 전화하다
①	이치로	자료를 찾다	→	보고서를 작성하다
②	장소이	수업이 끝나다	→	은행에 들르다
③	프랑크	장소를 예약하다	→	약속 장소를 알려 주다
④	왕카이	사진을 정리하다	→	친구에게 사진을 보내 주다
⑤	나타샤	학생증을 만들다	→	도서관에 책을 빌리러 가다

A 마이클 씨, 언제 부모님께 전화할 거예요?

B 공항에 도착하는 대로 전화할 거예요.

- 작성하다 to write out
- 정리하다 to put in order

02 –(으)ㄹ 것

28

약사가 말한 약에 대한 주의 사항을 듣고 메모하려고 합니다. 이때 어떻게 쓰면 좋을까요?

문법

V + (으)ㄹ 것

–(으)ㄹ 것 expresses an order or instruction. It is generally used in written notes or public notices than verbally.

consonant + 을 것 예 읽을 것 vowel, ㄹ + ㄹ 것 예 올 것, 만들 것

Tip V + 지 말 것 : the negative form of –(으)ㄹ 것
예 하 + 지 말 것 → 하지 말 것 먹 + 지 말 것 → 먹지 말 것

연습

다음은 장소이 씨가 메모할 내용입니다. 말풍선의 내용을 보고 '–(으)ㄹ 것'을 사용해서 메모를 해 보세요.

보기 학교 선생님
선생님에게 3시까지 연락하세요.
→ 선생님에게 3시까지 연락할 것.

① 하숙집 언니
외출할 때 컴퓨터를 끄세요.

② 동아리 선배
수업 후에 이메일을 꼭 확인하세요.

③ 같은 방 친구
냉장고 문을 잘 닫으세요.

④ 의사
사람이 많은 곳에 가지 마세요.

⑤ 기숙사 선생님
애완동물을 키우지 마세요.

· 약사 **pharmacist**
· 애완동물을 키우다 **keep a pet**

Part 1

들어 봅시다

비자 연장에 대한 대화 듣기

01 여기는 어디일까요? 사람들은 여기에 무슨 일을 하러 왔을까요? 서로 이야기해 보세요.

02 다음은 장소이 씨와 이치로 씨의 대화입니다. 잘 듣고 물음에 답하세요. 29

(1) 두 사람은 무엇에 대해서 이야기하고 있습니까?

① 비자 연장하는 곳의 위치에 대해서

② 비자 연장할 때의 불편함에 대해서

③ 비자 연장할 때 준비해야 할 것에 대해서

(2) 비자 연장을 할 때 필요한 것은 무엇입니까? 모두 고르세요.

① 우표 ② 도장 ③ 사진

④ 외국인 등록증 ⑤ 학생증

(3) 맞는 것에 ✔표 하세요.

① 수입 인지는 비자를 연장하는 곳에서 살 수 있다. 네 ____ 아니요 ____

② 장소이 씨는 재학 증명서를 받으면 바로 비자를 연장하러 갈 것이다. 네 ____ 아니요 ____

③ 장소이 씨와 이치로 씨는 비자를 연장하러 함께 갈 것이다. 네 ____ 아니요 ____

- 비자 visa
- 연장 extension
- 연장하다 to extend
- 불편함 discomfort
- 위치 location
- 우표 stamp
- 외국인 등록증 certificate of alien registration
- 수입 인지 revenue stamp
- 재학 증명서 certificate of student enrollment

어휘

우체국에서

30

우표를 붙이다

빠른우편으로 보내다

편지를 배달하다

소포를 포장하다

저울에 올리다

무게를 달다

보내는 방법

항공편으로 보내다

배편으로 보내다

인편으로 보내다

Part 1

말해 봅시다

우체국에서 소포 보내기

우체국에서 소포를 보내려고 합니다. 직원에게 소포 보내는 방법, 요금, 소요 시간을 물어보고 소포를 보내세요.

게시판

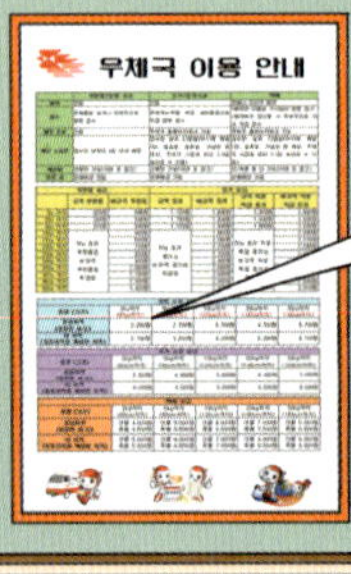

1.2kg	뉴욕	
	항공편	배편
요금	38,400원	12,000원
소요 시간	4~5일 정도	한 달 정도

Try it!

말풍선을 따라 대화를 구성해 보세요.

	직원 소포를 보내려고 온 마이클 씨에게 내용물과 보내려는 방법을 묻고 요금과 소요 시간을 알려 주세요.	마이클 소포의 내용물을 묻는 직원의 질문에 답하고 요금과 소요 시간을 물어보세요.
1. 우체국에 온 용건 말하기	어서 오세요 뭘 돕다?	뉴욕 ㅣ 소포를 보내려고 하다
2. 소포 무게와 내용물에 대해 말하기	소포 ㅣ 저울 위 ㅣ 올리다 1.2kg 안에 뭐? 깨지는 건 아니다?	○, 깨지는 건 아니다 책이다
3. 요금 묻기	소포를 항공편 ㅣ 보내다, 배편 ㅣ 보내다?	요금 ㅣ 어떻게?
4. 요금과 소요 시간 말하기	항공편 ㅣ 38,400원 + 배편 ㅣ 12,000원	시간 ㅣ 얼마나?
5. 보내는 방법과 요구 사항 말하기	비행기 ㅣ 보내다 + 4~5일 정도이다 + 배는 한 달 정도 걸리다	항공편 ㅣ 보내 주다 소포가 뉴욕에 **도착하다** + 빨리 배달해 주다?
6. 요구 사항 메모하기	○ 소포 ㅣ '빨리 **배달하다**' ㅣ 이라고 쓰다	감사

대화

31

직원 어서 오세요. 뭘 도와 드릴까요?
마이클 뉴욕으로 소포를 보내려고 하는데요.
직원 소포를 저울 위에 올리세요. (잠시 후) 1.2kg입니다. 안에 뭐가 있어요? 깨지는 건 아니에요?
마이클 네, 깨지는 건 아니에요. 책이에요.
직원 소포를 항공편으로 보내시겠어요, 배편으로 보내시겠어요?
마이클 요금이 어떻게 돼요?
직원 항공편은 38,400원이고 배편은 12,000원이에요.
마이클 시간은 얼마나 걸려요?
직원 비행기로 보내시면 4~5일 정도이고 배는 한 달 정도 걸려요.
마이클 그럼 항공편으로 보내 주세요. 그런데 소포가 뉴욕에 도착하는 대로 빨리 배달해 주실 수 있어요?
직원 네, 알겠어요. 소포에 '빨리 배달할 것'이라고 쓸게요.
마이클 네, 감사합니다.

표현

- 소포의 내용물에 대해 묻기

내용물이 뭐예요?
깨지는 건 아니에요?
안에 있는 게 뭐예요?
안에 뭐가 들어 있어요?

- 보내는 방법에 대해 묻고 답하기

A: 이 편지를 어떻게 보내 드릴까요?
B: 인편으로 보낼게요.
배편으로 해 주세요.
빠른우편으로 할게요.
항공편으로 보내 주세요.

확장

부모님이나 친구에게 소포를 보내려고 합니다. 우체국 직원에게 항공편과 배편의 요금과 걸리는 시간을 물어보세요.

2kg	베이징	
	항공편	배편
요금	20,800원	10,000원
소요 시간	3~4일 정도	한 달 정도

6kg	런던	
	항공편	배편
요금	67,900원	20,000원
소요 시간	일주일 정도	두 달 정도

· 소포 package · 저울 (weighing) balance · 올리다 to put on · 깨지다 to break

Part 2

준비합시다

01 대신(에)

32

은행에서 통장을 만들려고 하는데 도장이 없어서 서명을 하려고 합니다. 이때 어떻게 말하면 좋을까요?

A 도장이 없는데 도장 대신에 서명을 해도 돼요?

B 네. 서명을 하셔도 돼요.

문법

N + 대신(에)

대신(에) is used to substitute the subject with something else.

버스 + 대신(에) → 버스 대신(에)　　지하철 + 대신(에) → 지하철 대신(에)

연습

적당한 것을 찾지 못해 다른 것을 선택했습니다. '대신(에)'를 사용해서 말해 보세요.

	상황	이유	대체된 것
보기	친구에게 생일 카드를 보냈다	시간이 없다	카드 → 이메일
①	버스를 타고 왔다	길이 막히다	버스 → 지하철
②	현금으로 계산했다	현금이 부족하다	현금 → 신용카드
③	짐을 항공편으로 보냈다	너무 비싸다	항공편 → 배편
④	어제 친구와 뮤지컬을 봤다	표가 매진되다	뮤지컬 → 영화
⑤	오늘 한국어 수업을 했다	문화 수업이 있다	수업 → 공연 관람

A 친구에게 생일 카드를 보냈어요?

B 아니요. 시간이 없어서 카드 대신에 이메일을 보냈어요.

- 도장 seal
- 서명 signature
- 부족하다 to be insufficient
- 뮤지컬 musical
- 매진되다 to be sold out

02 -는 길에

점심 식사를 하러 가기 전에 우체국에서 편지를 부친 것을 어떻게 말하면 좋을까요?

A 마이클 씨, 편지를 부쳤어요?

B 네. 점심을 먹으러 오는 길에 우체국에 들러서 부쳤어요.

문법

V + 는 길에

-는 길에 generally accompanies the verbs 가다 (to go) or 오다 (to come) to mean on the way or opportunity whilst coming or going.

가 + 는 길에 → 가는 길에　　돌아오 + 는 길에 → 돌아오는 길에

Tip V + 는 길이다 : It generally accompanies the verbs 가다 (to go) or 오다 (to come) and is also written in the form of -는 길이다 to show that one is currently engaged in a certain activity. 예 집에 가는 길이다. 학교에서 오는 길이다.

연습

다음 사람들이 가거나 오는 도중에 한 일을 '-는 길에'를 사용해서 말해 보세요.

	이름	도중에 한 일	하려고 한 일
보기	마이클	은행에 들러서 환전했다	공항에 가다
①	이치로	학교 앞에서 친구를 만났다	퇴근하다
②	나타샤	약국에 들러서 두통약을 샀다	편의점에 가다
③	얀	도서관에 가서 책을 반납했다	집으로 돌아오다
④	장소이	어젯밤에 불꽃놀이를 봤다	약속 장소로 가다
⑤	왕카이	학교 보건소에서 진찰을 받았다	기숙사로 돌아가다

A 마이클 씨, 환전했어요?

B 네. 공항에 가는 길에 은행에 들러서 환전했어요.

- 부치다 to send (mail)
- 환전하다 to exchange (money)
- 반납하다 to return
- 보건소 health clinic
- 진찰을 받다 to see a doctor

03 –다가

어떤 일을 하는 도중에 그 일을 그만두고 다른 일을 할 때 어떻게 말하면 좋을까요?

A 마이클 씨, 숙제를 다 했어요?

B 아니요. 어젯밤에 숙제하다가 피곤해서 잤어요.

문법

V + 다가

–다가 is used when an action or situation has not finished and changed to another action or situation.

하 + 다가 → 하다가　　먹 + 다가 → 먹다가　　만들 + 다가 → 만들다가

연습

다음 사람들이 중단하고 한 일을 '–다가'를 사용해서 말해 보세요.

	중단한 일	바뀐 일
보기	이치로 씨는 이메일을 쓰다	전화가 와서 전화를 받고 있다
①	티엔 씨는 자다	어려운 단어가 있어서 사전을 찾고 있다
②	장소이 씨는 영화를 보다	재료가 모자라서 재료를 사러 갔다
③	미셸 씨는 학교에 가다	지루해서 중간에 나왔다
④	왕카이 씨는 예습을 하다	숙제를 안 가져와서 집에 다시 가고 있다
⑤	나타샤 씨는 음식을 만들다	무서운 꿈을 꿔서 잠에서 깼다

이치로 씨는 이메일을 쓰다가 전화가 와서 전화를 받고 있어요.

- 중단하다 **to discontinue**
- 사전을 찾다 **to look up the dictionary**
- 모자라다 **to be short of**
- 지루하다 **to be boring**
- 중간 **middle**
- 꿈을 꾸다 **to dream**
- 깨다 **to wake up**

들어 봅시다

도서관 자료 검색에 대한 대화 듣기

01 다음은 도서관 홈페이지의 자료 검색 창입니다. 책 이름과 책을 쓴 사람의 이름은 어디에 쓰면 좋을까요? 서로 이야기해 보세요.

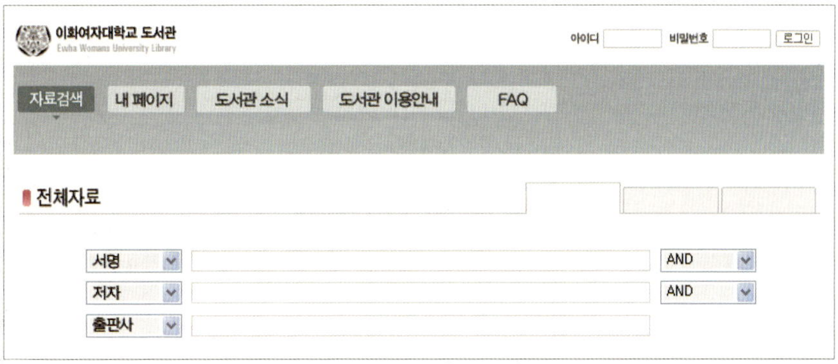

02 다음은 장소이 씨와 도서관 직원의 대화입니다. 잘 듣고 물음에 답하세요. 35

(1) 다음 중 장소이 씨가 읽고 싶어 하는 책은 무엇입니까?

①

②

③

(2) 자료를 검색하는 순서는 어떻게 됩니까?

홈페이지를 열고 자료 검색을 찾는다.	→	__________________________________.	→	저자에 책을 쓴 사람의 이름을 쓴다.

① '전체 자료'를 클릭한 후에 '서명'에 책 이름을 쓴다.

② 한국 대중가요라고 쓰고 나서 '전체 자료'를 클릭한다.

③ '서명'에 책 이름을 쓰기 전에 한국 대중가요라고 친다.

(3) 맞는 것에 ✔표 하세요.

① 장소이 씨는 책 제목을 정확하게 알고 있다. 네 _____ 아니요 _____

② 장소이 씨는 자료를 검색하는 방법을 잘 알고 있다. 네 _____ 아니요 _____

③ 도서관 1층에서 복사를 할 수 있다. 네 _____ 아니요 _____

- 검색 **search**
- 판소리 **traditional Korean narrative songs**
- 출판사 **publisher**
- 가요 **Korean popular songs**
- 저자 **author**
- 서명 **book title**
- 대중가요 **popular songs**
- 전체 **all**
- 클릭하다 **to click**
- 제목 **title**
- 복사 **copy**

Part 2

말해 봅시다

은행에서 현금 카드 만들기

은행에서 현금 카드를 만들려고 합니다. 직원에게 현금 카드를 작성하는 방법을 물어보고 카드를 만들어 보세요.

Try it!

말풍선을 따라 대화를 구성해 보세요.

	은행원 장소이 씨에게 현금 카드를 만들 때 필요한 것을 알려 주고 질문에 답하세요.	**장소이** 은행원의 질문에 답하고 현금 카드 사용 시기에 대해서 물어보세요.
1. 방문 목적 묻고 답하기	어서 오세요 뭘 돕다?	현금 카드 | 만들다
2. 신청서 작성에 대해 말하기	이 신청서 | 이름 | 주소 | 쓰다	○. 주소를 **쓰다** + 틀렸다 + 어떻게?
3. 도장에 대해 묻고 답하기	여기에 새로 쓰다 도장?	×
4. 신청서 작성에 필요한 것에 대해 말하기	**도장** | 여기에 서명을 하다 신분증 | 주다	○. 신청서 | 신분증 | 여기 | 있다
5. 카드 발급과 사용에 대해 말하기	비밀번호 네 자리 | 누르다 한 번 더 누르다 카드가 나왔다	카드는 오늘 | 사용하다?
6. 카드 사용 시기에 대해 말하기	카드를 받다 + 바로 사용하다 **가시다** | 현금 인출기 | 확인하다	감사

대화

36

은행원 어서 오세요. 뭘 도와 드릴까요?

장소이 현금 카드를 만들려고 하는데요.

은행원 그럼 이 신청서에 이름과 주소를 써 주세요.

장소이 네. (잠시 후) 죄송하지만 주소를 쓰다가 틀렸는데 어떻게 하지요?

은행원 여기에 새로 쓰시면 돼요. 도장 있으세요?

장소이 아니요, 없어요.

은행원 그럼 도장 대신에 여기에 서명을 해 주세요. 그리고 신분증도 주세요.

장소이 네. 신청서하고 신분증이 여기에 있어요.

은행원 그럼 비밀번호 네 자리를 눌러 주세요. (누른 후) 한 번 더 눌러 주세요. (잠시 후) 카드가 나왔습니다.

장소이 카드는 오늘부터 사용할 수 있어요?

은행원 그럼요. 카드를 받으시면 바로 사용하실 수 있어요. 가시는 길에 현금 인출기에서 한번 확인해 보세요.

장소이 네, 감사합니다.

표현

■ 카드 발급에 대해 말하기

카드가 나왔습니다.
카드 여기 있습니다.
카드가 발급됐습니다.

■ 현금 카드 사용 시기에 대해 질문하기

지금 바로 쓸 수 있어요?
이건 오늘부터 사용할 수 있어요?
이 카드는 언제부터 쓸 수 있어요?
현금 카드는 오늘부터 사용해도 돼요?

확장

학교 앞 식당에서 사용할 수 있는 포인트 카드를 만들려고 합니다. 이때 무엇이 필요하고 카드는 언제부터 사용할 수 있습니까? 서로 이야기해 보세요.

준비물	신청서, 외국인 등록증(여권도 가능)
사용 가능 시기	카드를 받은 후 식당의 홈페이지에 등록하면 바로 사용할 수 있다. 학교에서 집에 갈 때 식당에서 식사한 후 포인트를 확인해 보다.

· 신청서 **application form** · 신분증 **ID** · 비밀번호 **password** · 자리 **digit** · 현금 인출기 **automated-teller machine(ATM)**

Part 3

읽고 써 봅시다

규칙을 어긴 경험담 읽고 쓰기

01 다음은 기숙사 이용 안내문입니다. 이 기숙사에는 어떤 규칙이 있습니까?

기숙사 이용 안내문

1. 220V만 사용하세요.
2. 방 안에서 불을 사용하지 마세요.
3. 기숙사에 친구들을 데리고 오지 마세요.

02 다음은 왕카이 씨가 기숙사에서 규칙을 어긴 일을 쓴 글입니다. 다음을 읽고 물음에 답하세요. 37

친구들과 기숙사에서 보낸 하룻밤

지난주 금요일에 중국에서 친구 두 명이 한국에 왔다. 일 년 만에 만났는데 정말 반가웠다. 우리는 그날 오랜만에 셋이서 맛있는 저녁도 먹고 명동에서 쇼핑도 했다. 친구들과 여기저기 구경하고 나니까 조금 피곤해서 나는 커피숍에서 이야기하면서 쉬려고 했다.

그런데 친구들은 커피숍 대신에 내 방을 구경하고 싶어 했다. 기숙사에 다른 사람들을 데리고 가면 안 되지만 정말 친한 친구들이어서 나도 내 방을 보여 주고 싶은 마음이 들었다. 결국 나는 잠깐 고민하다가 친구들을 내 방으로 데리고 갔다.

내 방은 넓지 않지만 우리 셋이 앉기에는 별로 불편하지 않았다. 우리는 친구들이 한국에 오는 길에 가져온 고향 음식도 먹고 고향 사진도 보면서 이야기를 했다. 이야기를 하다가 시계를 봤는데 시계 바늘이 벌써 새벽 두 시 반을 가리키고 있었다. 시간이 정말 짧게 느껴졌다. [A] 그리고 다음 날 아침 여덟 시쯤 우리는 기숙사에서 몰래 나왔다. [B] 나는 기숙사 규칙을 어겨서 불안했지만 우리가 나오는 것을 본 사람이 없어서 안심이 되었다. [C] 그런데 오늘 학교에서 돌아와서 방문에 붙은 메모를 읽고 깜짝 놀랐다.

친구들이 온 것을 본 사람이 없는 것 같았는데……. 아, 어떻게 하지?

- 규칙 rule
- 어기다 to break/violate
- 하룻밤 overnight
- 친하다 to be close with
- 고민하다 to worry
- 데리고 가다 to take (somebody) along
- 새벽 dawn
- 가리키다 to point to
- 느껴지다 to feel
- 몰래 secretly
- 불안하다 to be anxious
- 안심이 되다 to be relieved
- 방문 room door
- 붙다 to stick to

(1) 맞는 것에 ✓표 하세요.

① 기숙사에 살지 않는 사람들도 기숙사에 들어올 수 있다. 네 ______ 아니요 ______

② 왕카이 씨 친구들은 처음에는 왕카이 씨 방에서 자고 가려고 하지 않았다. 네 ______ 아니요 ______

(2) 다음 내용은 [A], [B], [C] 중 어디에 들어가야 할까요?

> 나는 한국말을 전혀 못하는 친구들을 새벽에 보낼 수 없어서 친구들과 내 방에서 같이 잤다.

① [A]　　② [B]　　③ [C]

(3) 왕카이 씨가 무슨 일로 다음의 메모를 받았을까요? 그림을 보고 이야기해 보세요.

03 규칙을 어긴 경험에 대한 글을 써 보세요.

(1) 규칙을 어긴 경험에 대한 글을 쓰려고 합니다. 여러분은 어떤 규칙을 왜 어겼는지, 어긴 후의 결과는 어땠는지 메모해 보세요.

Ⅰ. 들어가는 말 : ______

Ⅱ. 경험한 일

1. 어긴 규칙의 내용 : ______
2. 규칙을 어긴 상황 : ______
3. 규칙을 어긴 후의 결과 : ______

Ⅲ. 맺는 말 : ______

(2) 위의 메모를 바탕으로 규칙을 어긴 일에 대한 경험의 글을 써 보세요.

낭독

[보기]를 참고하여 '겹받침(double consonants)'을 발음하는 데 주의하면서 글을 낭독하세요. 38

보기 넓지 [널찌], 앉기에는 [안끼에는]

> 내 방은 넓지 않지만 우리 셋이 앉기에는 별로 불편하지 않았다. 우리는 친구들이 한국에 오는 길에 가져온 고향 음식도 먹고 고향 사진도 보면서 이야기를 했다. 이야기를 하다가 시계를 봤는데 시계 바늘이 벌써 새벽 두 시 반을 가리키고 있었다. 시간이 정말 짧게 느껴졌다. 그리고 다음 날 아침 여덟 시쯤 우리는 기숙사에서 몰래 나왔다.
> 그런데 오늘 학교에서 돌아와서 방문에 붙은 메모를 읽고 깜짝 놀랐다.

문화 알아보기

공공 기관의 업무 시간

한국의 공공 기관은 보통 평일 오전 9시부터 오후 6시까지 업무를 합니다. 토요일에는 하지 않습니다. 그렇지만 몇몇 공공 기관은 업무 시간이 다릅니다.

은행은 평일 오전 9시부터 오후 4시까지 영업합니다. 주말에는 은행의 현금 인출기를 이용할 수 있습니다. 현금 인출기는 은행마다 조금씩 다르지만 거의 24시간 이용할 수 있습니다. 박물관은 주말에 문을 여는 대신에 평일에 하루 쉽니다. 박물관마다 휴관일이 다르고 계절에 따라 관람 시간도 다릅니다. 우체국은 평일 오전 9시부터 오후 6시까지 업무를 합니다. 그런데 서울 중앙우체국과 같은 큰 우체국은 토요일에도 문을 엽니다. 토요일의 업무 시간은 오전 9시부터 오후 1시까지입니다.

Usually the working hours of Korea's public institutions are from 9am to 6pm during the weekdays. They do not open on Saturday but some public institutions have different working hours.

Banks are open from 9am to 4pm during the weekdays. On the weekends, you can use the bank's ATM. The ATMs are different for each bank but most can be accessed 24 hours a day. Museums are open during the weekends but close for a day during the weekdays. Each museum has different closing days and the viewing hours are also different. The working hour of post office is from 9 AM to 6 PM in weekdays. However a big post office such as Seoul central post office is open on Saturday. It is open from 9 AM to 1 PM on Saturday.

01 한국의 공공 기관은 일반적으로 무슨 요일에 문을 엽니까?

02 여러분 나라의 공공 기관은 업무 시간이 어떻게 됩니까? 한국과 비교해서 어떻습니까? 서로 이야기해 보세요.

문학 맛보기

01 여러분은 언제 옛날 일이 생각납니까? 그 이유는 무엇입니까? 서로 이야기해 보세요.

02 다음은 시 「은행잎 편지」입니다. 이 편지는 누구를 생각하며 쓴 것일까요? 이 점을 생각하면서 낭송해 보세요. 39

은행잎 편지

김한룡(1927~)

물 위에 동동
은행잎 한 잎
띄워 보내자.

이사 간 순이에게
편지 보내자.

네 살던 집
앞마당
은행나무에

요렇게
노오란
가을이 왔다.

「순이야 노마야」, 형설 출판사, 1964

03 이 시의 3연과 4연은 편지의 내용입니다. 여러분이 친구에게 편지를 쓴다면 여기에 어떤 내용을 쓰고 싶습니까? 서로 이야기해 보세요.

은행잎 ginkgo leaf · 동동 lightly afloat · 띄우다 to float · 앞마당 front yard · 요렇게 like this · 노오랗다(노랗다) to be yellow

제11과

초대

Invitation

제 11과 초대 Invitation

Part 1

준비합시다 — **1** -(으)ㅁ **2** -기(를) 바라다

들어 봅시다 — 방문 예절에 대한 대화 듣기
Listening to a conversation on visiting etiquettes

말해 봅시다 — 전화 받은 내용 메모하기
Taking a phone message

Part 2

준비합시다 — **1** 아무나, 아무거나, 아무 데나 **2** -잖아요 **3** -(으)ㄴ/는데요

들어 봅시다 — 손님 초대 음식에 대한 대화 듣기
Listening to a conversation on food for guests

말해 봅시다 — 집들이 선물 상의하기
Discussing housewarming party gifts

Part 3

읽고 써 봅시다 — 초대의 이메일 읽고 쓰기
Reading and writing an e-mail of invitation

CULTURE & LITERATURE

문화 알아보기 — 집들이 선물 Housewarming gifts

문학 맛보기 — 전래동화 Folk tale 「달걀 열두 개로 한 축하」

Part 1

준비합시다

01 -(으)ㅁ

여러분이 친구의 전화를 받아서 간단히 메모를 전할 때 어떻게 쓸까요?

왕카이 씨에게
전화한 사람 : 장소이
전화 온 시간 : 오후 4시 20분
내용 : 이치로 씨 송별회 때문에
전화했음.
송별회 시간이 바뀌었음.
금요일 5시임.

문법

A/V + (으)ㅁ

-(으)ㅁ is used to end a sentence that briefly describes or notifies a fact.

consonant + 음 예 작음, 먹음　　vowel, ㄹ + ㅁ 예 바쁨, 감, 힘듦, 만듦

연습

여러분은 장소이 씨의 전화를 대신 받았습니다. 장소이 씨에게 전달할 내용을 '-(으)ㅁ'을 사용하여 메모해 보세요.

보기 저 마이클이에요.
내일 부모님이 미국에서 오셔서 학교에 못 가요. → 전화한 사람: 마이클
내용: 내일 부모님이 미국에서 오셔서 학교에 못 감

① 저 티엔이에요. 오늘 학교에 오는 길에 교통사고가 났어요. 병원에 가야 해서 좀 늦을 것 같아요. →

② 이화여행사입니다. 다음 주 토요일에 갈 제주도 여행 예약을 확인하려고 전화했습니다. →

③ 장소이 씨? 왕카이예요. 다음 주에 미셸 씨 생일 파티가 있어요. 생일 음식은 미셸 씨 집에서 친구들이 같이 만들어요. 같이 가면 좋겠어요. →

· 교통사고가 나다 to get into a car accident

02 -기(를) 바라다

음악회가 시작되려고 합니다. 그래서 음악회에 온 손님들에게 안내 방송을 하려고 합니다. 이때 어떻게 말할까요?

이제 곧 음악회가 시작될 예정입니다. 손님 여러분은 모두 자리에 앉아 주시기 바랍니다.

문법

A/V + 기(를) 바라다

-기(를) 바라다 is used to show one's hope for a thing or situation to occur.

건강하 + 기(를) 바라다 → 건강하기(를) 바라다　　살 + 기(를) 바라다 → 살기(를) 바라다

연습

여러분의 친구에게 다음과 같은 일이 있습니다. 그래서 여러분은 선물을 주고 카드도 쓰려고 합니다. 카드에 어떻게 쓸까요?

	상황	인사말
보기	회사 동료의 아들 돌잔치가 있다	빨리 회복되다
①	친구가 내일 결혼을 하다	사업이 잘되다
②	친구가 새로 커피숍을 열었다	행복하게 잘 살다
③	친구 할아버지의 환갑잔치가 있다	아이를 건강하게 잘 키우다
④	친구가 내일 대학 입학시험을 보다	건강하게 오래 사시다
⑤	친구가 병원에 입원해서 병문안 가다	꼭 가고 싶은 대학에 합격하다

- 음악회 **concert**
- 회복되다 **to recover**
- 사업이 잘되다 **to do well in business**
- 행복하다 **to be happy**
- 승진 **promotion**
- 입원하다 **to be hospitalized**
- 병문안 가다 **to call on a patient**
- 합격하다 **to pass an exam**

A 회사 동료의 아들 돌잔치가 있어서 축하 카드를 쓰려고 해요. 카드에 어떻게 쓰면 좋을까요?

B '아이를 건강하게 잘 키우기 바랍니다.'라고 쓰세요.

어휘

초대

42

초대장을 쓰다

집들이를 하다

감사장을 쓰다

장을 보다

음식을 차리다

손님을 대접하다

집을 방문하다

손님을 마중하다

손님을 배웅하다

들어 봅시다

방문 예절에 대한 대화 듣기

01 여러분은 한국 사람의 집을 가 본 적이 있습니까? 어른이 계신 집을 방문할 때 어떤 옷을 입고 가면 좋을까요? 서로 이야기해 보세요.

02 다음은 이치로 씨와 한준영 씨의 대화입니다. 잘 듣고 물음에 답하세요. 43

(1) 맞는 것에 ✓표 하세요.

① 아랫사람이 어른보다 먼저 식사를 시작해야 한다. 네 ____ 아니요 ____

② 한국에서 식사할 때는 밥그릇이나 국그릇을 식탁에 놓고 먹는다. 네 ____ 아니요 ____

(2) 이치로 씨 친구의 집에 가장 알맞은 옷차림을 하고 간 사람은 누구입니까?

① 이치로: 정장 느낌이 나는 반바지를 입고 갔다.

② 마이클: 출근할 때 입은 옷 그대로 정장을 입고 갔다.

③ 왕카이: 여름이라서 시원하게 맨발에 샌들을 신고 갔다.

(3) 대화 후에 이치로 씨가 할 일은 무엇입니까?

① 친구 집 어른들이 과일을 좋아해서 과일을 살 것이다.

② 친구 집 어른들이 좋아하는 선물을 물어보고 살 것이다.

③ 친구 집 어른들과 함께 마시기 위해 음료수를 살 것이다.

- 아랫사람 junior (someone who is younger)
- 어른 elder
- 밥그릇 rice bowl
- 국그릇 soup bowl
- 맨발 bare feet
- 샌들 sandles

Part 1

말해 봅시다

전화 받은 내용 메모하기

같은 방을 쓰는 친구에게 전화가 왔는데 친구가 기숙사에 없습니다. 전화를 받은 사람에게 메모를 남기세요.

Try it!

말풍선을 따라 대화를 구성해 보세요.

	강호영 왕카이 씨에게 전화를 했는데 통화할 수 없습니다. 이치로 씨에게 메모를 남기세요.	이치로 왕카이 씨의 전화를 받았습니다. 전화한 강호영 씨의 메시지를 메모하세요.
1. 통화를 원하는 사람 찾기	왕카이 씨 좀 부탁	왕카이 씨 | 지금 없다 외출했다
2. 친구의 오는 시간 묻기	실례 | 언제 돌아오다?	잘 모르다 전하실 말씀 | 있다?
3. 메모 부탁하기	저 | 왕카이 씨 동아리 친구, 강호영 메모 남기다?	잠깐만 기다리다 말씀하다
4. 메모 내용 말하기	왕카이 씨 | 저희 집 | 오는 날짜 | 전화했다 이번 주 토요일 | 저희 집 | 오기로 했다 + 저 | 급한 일 | 생겼다 날짜 | 다음 주 토요일 | 연기하다 + 전화했다	○ 친구 누구?
5. 메모 전해 줄 것을 부탁하기	강호영 꼭 전해 **주다**	전해 드리다

대화

강호영 여보세요. 왕카이 씨 좀 부탁합니다.
이치로 왕카이 씨는 지금 없어요. 외출했어요.
강호영 실례지만 언제 돌아옵니까?
이치로 글쎄요. 잘 모르겠어요. 전하실 말씀이 있어요?
강호영 네. 저는 왕카이 씨 동아리 친구, 강호영이라고 합니다. 메모 좀 남겨도 될까요?
이치로 네, 잠깐만 기다리세요. 말씀하세요.
강호영 왕카이 씨가 저희 집에 오는 날짜 때문에 전화했어요. 이번 주 토요일에 저희 집에 오기로 했는데 제가 급한 일이 생겼어요. 그래서 날짜를 다음 주 토요일로 연기하고 싶어서 전화했어요.
이치로 알겠습니다. 그런데 친구 누구라고 하셨지요?
강호영 강호영입니다. 꼭 좀 전해 주시기 바랍니다.
이치로 네, 전해 드리겠습니다.

왕카이 씨에게

- 동아리 친구 강호영 씨에게서 전화가 왔음.
- 왕카이 씨가 강호영 씨 집에 오는 날짜 때문에 전화했음.
- 이번 주 토요일에 강호영 씨가 급한 일이 생겼음.
- 날짜를 다음 주 토요일로 연기하고 싶어서 전화했음.

이치로,
오후 4:00

44

표현

■ 메모 전달 부탁하기

메모 좀 부탁합니다.
메모 좀 남겨도 될까요?
메모 좀 전해 주시겠어요?
말씀 좀 전해 주시겠습니까?

■ 전화 건 사람 이름에 대해 묻기

친구 누구라고 하셨죠?
누구라고 전해 드릴까요?
실례지만 성함이 어떻게 되세요?
이름을 한 번 더 말씀해 주시겠어요?

Tip 저희, 우리, 저, etc. is changed to the name of the person speaking when delivering a message.
예 "제가 급한 일이 생겼어요." → ○○○ 씨가 급한 일이 생겼음.

확장

통화하고 싶은 친구가 자리에 없어서 다른 사람에게 메모를 부탁하려고 합니다. 메모를 부탁해 보세요.

용건	메모 내용
동창회 취소	12월 20일 오후 6시 예정인 동창회가 취소됐음. 메모 받으면 전화해 주기 바람
약속 장소 변경	학생 식당에서 학교 앞 카페로 바뀜. 다른 사람에게 연락하기 바람

· 전하다 **to deliver** · 연기하다 **to postpone**

Part 2

준비합시다

01 아무나, 아무거나, 아무 데나

특별히 어느 하나를 선택해서 말하지 않고 모두 괜찮다고 할 때 어떻게 말할까요?

A 뭐 시원한 것 좀 드릴까요? 콜라나 주스 어때요?

B 지금 목이 너무 말라서 아무거나 다 좋아요.

문법

아무거나, 아무 데나

아무거나, 아무 데나 is used to show that everything is possible without choosing a specific one.

아무 + 것이나 → 아무거나　　아무 + 데나 → 아무 데나

Tip 아무나 is used to call on someone without designating a specific person. 아무 때나 is used to show that something may be done during anytime and 아무 데서나 shows that an action may be carried out in any location.

연습

여러 가지 중에서 어느 것이나 괜찮다고 대답하고 싶을 때 어떻게 말할까요? '아무거나, 아무 데나'를 사용하여 말해 보세요.

	정해야 하는 것	제안	대답
보기	휴가 때 가고 싶은 곳	경주? 제주도?	안 가 본 곳이 많다 / 괜찮다
①	수업 후에 먹고 싶은 것	비빔밥? 피자?	너무 배가 고프다 / 괜찮다
②	만나고 싶은 날	평일? 주말?	중요한 약속이 없다 / 괜찮다
③	영화를 같이 보고 싶은 사람	장소이? 티엔?	둘 다 친한 사람들이다 / 괜찮다
④	쇼핑하고 싶은 곳	남대문 시장? 이태원?	두 곳 다 예쁘고 싼 옷이 많다 / 괜찮다
⑤	비행기에서 앉고 싶은 자리	창가 자리? 통로 자리?	비행 시간이 짧다 / 괜찮다

A 휴가 때 어디에 가고 싶어요? 경주에 갈까요, 아니면 제주도에 갈까요?

B 한국에서 안 가 본 곳이 많으니까 저는 아무 데나 다 괜찮아요.

· 목이 마르다 to be thirsty
· 배가 고프다 to be hungry

02 -잖아요

친구들과 함께 파티를 준비하고 있습니다. 다른 사람도 알고 있는 내용을 확인하듯이 말할 때 어떻게 말할까요?

A 음료수는 누가 가져오는 게 좋을까요? 티엔 씨가 가져오는 게 어때요?

B 음료수는 좀 무겁잖아요. 제가 가지고 올게요.

문법

A/V + 잖아요

-잖아요 is used when a person speaking on a certain situation is confirming to or correcting another person.

예쁘 + 잖아요 → 예쁘잖아요　　작 + 잖아요 → 작잖아요
가 + 잖아요 → 가잖아요　　먹 + 잖아요 → 먹잖아요

연습

친구에게 어떤 선물을 하는 게 좋을까요? 선물을 선택한 이유를 '-잖아요'를 사용해 말해 보세요.

	선물 받을 사람	제안하는 선물	제안 이유
보기	진차오	티셔츠 (와이셔츠)	진차오 씨가 회사에 취직했다
①	미셸	(과일) 케이크	미셸 씨가 케이크를 안 좋아하다
②	나타샤	(손수건) 귀걸이	나타샤 씨가 좋아하는 취향을 모르다
③	티엔	구두 (운동화)	티엔 씨는 평소에 캐주얼을 즐겨 입다
④	율리아	향수 (화장품)	율리아 씨는 향수를 별로 사용하지 않다
⑤	왕카이	(MP3) 전자 사전	왕카이 씨는 얼마 전에 전자 사전을 샀다

- 귀걸이 earring
- 취향 taste
- 평소 usually
- 캐주얼 casual
- 즐겨 입다 to enjoy wearing
- 향수 perfume

A 진차오 씨에게 어떤 선물을 주면 좋을까요? 티셔츠는 어때요?

B 티셔츠보다 와이셔츠를 선물하는 게 좋겠어요. 진차오 씨가 회사에 취직했잖아요.

A 그럼 와이셔츠를 선물하기로 해요.

03 -(으)ㄴ/는데요

상황을 설명하면서 상대방의 반응을 기대할 때가 있지요? 이때 어떻게 말할까요?

A 음식은 4인분 정도 준비하면 되겠지요?

B 네 명이 넘게 오니까 모자랄 것 같은데요.

문법

A/V + (으)ㄴ/는데요

-(으)ㄴ/는데요 is used when one is expecting the listener's reason while delivering a situation.

- **A** consonant + 은데요 — 예 작은데요 — vowel, ㄹ + ㄴ데요 — 예 예쁜데요, 먼데요
- **V** consonant, vowel + 는데요 — 예 가는데요, 먹는데요, 만드는데요
- **A/V** past : 았/었 + 는데요 — 예 비쌌는데요, 멀었는데요, 왔는데요, 먹었는데요

연습

다른 사람의 제안이나 부탁에 응할 수 없는 상황입니다. 그 상황을 친구에게 '-(으)ㄴ/는데요'를 사용해서 말해 보세요.

	제안	상황	다른 제안
보기	이번 주에 시작한 영화를 보다	그 영화는 이미 봤다	다른 걸 봅시다
①	버스를 타고 가다	지금 길이 많이 막히다	지하철을 타고 갑시다
②	나가서 산책하다	밖에 날씨가 쌀쌀하다	집에서 텔레비전이나 봅시다
③	이 서류를 검토해 주다	방금 사장님이 부르셨다	사장님을 뵙고 나서 이야기합시다
④	점심에 음식을 배달시키다	회의 시간이 30분밖에 안 남았다	편의점에서 간단한 걸 사 먹읍시다

A 이번 주에 시작한 영화를 볼래요?

B 그 영화를 이미 봤는데요.

A 그래요? 그럼 다른 걸 봅시다.

- 넘게 오다 to come over /come more than
- 검토하다 to review
- 방금 just now
- 뵙다 to see
- 배달시키다 to order delivery

들어 봅시다

손님 초대 음식에 대한 대화 듣기

01 여러분은 손님을 집에 초대해서 음식을 대접한 적이 있습니까? 다음 사진 중에서 여러분이 준비한 음식이 있습니까? 서로 이야기해 보세요.

02 다음은 나타샤 씨와 은경 씨의 대화입니다. 잘 듣고 물음에 답하세요. 48

(1) 나타샤 씨가 은경 씨에게 물어본 내용은 무엇입니까?

① 후식을 맛있게 만드는 방법

② 외국인이 좋아하는 한국 음식 이름

③ 집들이에서 많이 하는 음식의 종류

(2) 나타샤 씨가 집들이에서 준비할 음식을 모두 고르세요.

☐ 잡채 ☐ 호박전 ☐ 불고기 ☐ 케이크 ☐ 쇠고기전

(3) 맞는 것에 ✔표 하세요.

① 후식으로는 과일이나 케이크 다 괜찮다. 네 _____ 아니요 _____

② 나타샤 씨는 케이크를 만들어 본 적이 있다. 네 _____ 아니요 _____

③ 은경 씨가 나타샤 씨 집에 가서 음식 준비를 도와줄 것이다. 네 _____ 아니요 _____

Part 2

말해 봅시다

집들이 선물 상의하기

집들이 초대를 받아서 친구에게 집들이 선물을 하려고 합니다. 어떤 선물을 하는 것이 좋을지 친구와 상의해 보세요.

Try it!

말풍선을 따라 대화를 구성해 보세요.

	장소이 미셸 씨에게 나타샤 씨 집들이에 선물할 것을 제안하고 어떤 선물이 좋을지 상의하세요.	미셸 나타샤 씨의 집들이 선물로 커피잔 세트를 제안하고 이유를 말하세요.
1. 선물 살 것을 제안하고 어떤 선물이 좋을지 묻기	다음 주 수요일 | 나타샤 씨 | 집들이 | **하다** 선물을 준비해야 하지 않다?	○. 어떤 선물 | 좋다?
2. 선물 제안하고 그 선물 반대하기	한국 | 집들이 | 갈 때 부엌용품 | 생활용품 | 많이 선물하다 가루비누 | 휴지?	그것도 좋다 + **아무나** 할 수 있는 선물이 아니라 우리들만 해 줄 수 있는 선물 | 주고 싶다
3. 다른 선물 묻고 제안하기	그게 좋겠다 그런데 뭐?	커피 잔 | 선물하다?
4. 제안한 이유 말하기	커피 잔?	커피 잔 | 원하는 사진 | 글씨 | 넣을 수 있다 우리 반 친구들 사진 넣은 커피 잔 세트 | 어때요? 기억 | **남을 것 같다**
5. 제안 수락하고 약속하기	좋은 생각 이번 주말 | 만나서 사러 가다?	○ 저 | 주말 | **아무 때나** 괜찮다 + 전화 주다

대화

49

장소이 미셸 씨, 다음 주 수요일에 나타샤 씨가 집들이를 하잖아요. 선물을 준비해야 하지 않을까요?

미셸 맞아요. 어떤 선물이 좋을까요?

장소이 한국에서는 집들이에 갈 때 부엌용품이나 생활용품을 많이 선물하는 것 같아요. 가루비누나 휴지 어때요?

미셸 그것도 좋지만 아무나 할 수 있는 선물이 아니라 우리들만 해 줄 수 있는 선물을 주고 싶어요.

장소이 그게 좋겠어요. 그런데 뭐가 있을까요?

미셸 커피 잔을 선물하면 어때요?

장소이 커피 잔요?

미셸 커피 잔에 원하는 사진이나 글씨를 넣을 수 있거든요. 우리 반 친구들 사진을 넣은 커피 잔 세트는 어때요? 기억에도 남을 것 같은데요.

장소이 좋은 생각이에요. 그럼 우리 이번 주말에 만나서 사러 갈까요?

미셸 네. 저는 주말에 아무 때나 괜찮으니까 전화 주세요.

표현

■ 선물 살 것을 제안하기

선물을 가져가야 할까요?
선물을 해야 할 것 같은데요.
선물을 준비할 필요는 없어요?
선물을 준비해야 하지 않을까요?

■ 의견에 동의하기

그게 좋겠어요.
좋은 생각이에요.
그거 괜찮은데요.
저도 그게 좋아요.

확장

친구에게 초대를 받았습니다. 초대한 친구에게 선물을 하고 싶습니다. 초대받은 다른 친구와 어떤 선물을 사면 좋을지 상의하세요.

선물 받을 사람	제안한 선물	선물을 반대하는 이유
음악회를 하는 친구	꽃다발 → 케이크	다른 사람들이 많이 하다
고향으로 돌아가는 친구	앨범 → 액자	요즘 사진을 앨범에 넣지 않다

· 부엌용품 kitchen goods · 생활용품 daily supplies · 가루비누 soap powder · 글씨 writing
· 기억에 남다 to remain in one's memory

Part 3

읽고 써 봅시다

초대의 이메일 읽고 쓰기

01 개강 모임 파티에 친구를 초대하려고 합니다. 초대장에 어떤 내용을 써야 할까요?

02 다음은 초대의 이메일입니다. 다음을 읽고 물음에 답하세요. 50

제목	[전달] 중국어 동아리 개강 모임	보낸 사람	박현미〈apple@ewha.ac.kr〉

장소이 씨에게

장소이 씨, 안녕하세요? 저 박현미예요.

잘 지냈지요? 요즘 새 학기 준비 때문에 바빠서 한동안 연락하지 못했네요. 이번 주 금요일에 중국어 동아리 개강 모임이 있는데요. 이번 모임에는 중국인 친구를 초대해요. 저는 장소이 씨를 초대하고 싶은데요. 10월 6일 금요일에 학교 앞 '동그라미' 식당에서 해요. 장소이 씨, 올 수 있어요? 와서 맛있는 음식도 먹고 오랜만에 같이 이야기도 하면 좋겠어요. 동아리 초대 메일을 같이 보내니까 읽어 보고 시간 되면 꼭 오세요.

왕카이 씨에게도 초대장을 보내고 싶은데 연락처가 없어요. 장소이 씨는 왕카이 씨 연락처를 알고 있나요? 왕카이 씨와 친하잖아요. 왕카이 씨 연락처를 알면 이메일 주소를 알려 주세요. 그럼 연락 기다릴게요.

– 박현미가 –

제목	중국어 동아리 개강 모임	보낸 사람	박희준 〈park@ewha.ac.kr〉

안녕하세요? 중국어 동아리 회원 여러분!

새 학기를 맞아서 동아리가 개강 모임을 합니다. 이번 모임은 특별히 중국인 친구들을 초대하는 모임입니다. 중국과 한국의 전통 음식을 먹고 이야기하면서 서로의 문화를 이해하는 시간을 가지려고 합니다. 물론 중국인 친구가 없는 사람은 혼자 오셔도 괜찮습니다. 꼭 참석해 주시기 바랍니다!

- 날짜: 10월 6일(금) 오후 6시
- 장소: 학교 앞 '동그라미' 식당(음식은 식당에서 준비함)
- 회비: 20,000원(중국인 친구는 회비 없음)
- 준비물: 5,000원 미만의 선물 아무거나

– 동아리 회장, 박희준 올림 –

- 한동안 for a while
- 개강 beginning of semester
- 동그라미 circle
- 오랜만에 in a long time
- 연락처 contact information
- 참석하다 to participate
- 미만 less than

(1) 박현미 씨가 장소이 씨를 초대하는 모임은 어떤 모임입니까?

① 중국 요리를 만드는 모임　　② 동아리를 새로 만든 것을 축하하는 모임

③ 새 학기에 동아리 활동 시작을 축하하는 모임

(2) 맞는 것에 ✓표 하세요.

① 이 동아리는 항상 외국인을 초대하는 모임을 가진다. 네 ______ 아니요 ______

② 중국인 친구가 없으면 이번 모임에 올 수 없다. 네 ______ 아니요 ______

③ 박현미 씨는 왕카이 씨의 연락처를 몰라서 초대장을 안 보냈다. 네 ______ 아니요 ______

(3) 초대장 내용을 가장 정확하게 이해한 사람은 누구입니까? 그 이유를 말해 보세요.

① 

② 

③ 

03 여러분의 친구에게 초대의 이메일을 써 보세요.

(1) 우리 반 모임에 다른 반 친구나 선생님을 초대하고 싶습니다. 친구에게 보낼 이메일 내용을 메모하세요.

○○○ 씨에게

모임 이름 : ______________________

날짜 : ______________________

장소 : ______________________

준비물 : ______________________

○월 ○일, ○○○ 올림

(2) 위의 메모를 바탕으로 친구에게 초대의 이메일을 써 보세요.

낭독

[보기]를 참고하여 '비음(nasal sound)'을 읽는 데 주의하면서 글을 낭독하세요. 51

보기 못했네요 [모탠네요], 있는데요 [인는데요]

장소이 씨! 요즘 새 학기 준비 때문에 바빠서 장소이 씨와 한동안 연락하지 못했네요. 이번 주 금요일에 중국어 동아리 개강 모임이 있는데요. 이번 모임에는 중국인 친구를 초대해요. 저는 장소이 씨를 초대하고 싶은데요. 와서 맛있는 음식도 같이 먹고 오랜만에 이야기도 하면 좋겠어요. 그런데 혹시 왕카이 씨 연락처를 알고 있나요?

문화 알아보기

집들이 선물

새집으로 이사한 사람들이나 새 출발을 하는 신혼부부들은 이사 후나 결혼한 후에 가족이나 친구, 친척들을 집으로 초대해 파티를 엽니다. 이것을 '집들이'라고 합니다. 집들이에서는 집주인이 음식을 정성스럽게 만들어서 사람들을 대접합니다. 한편 초대받은 사람들은 집들이를 축하하기 위해 선물을 사 갑니다. 보통 많이 하는 선물은 가루비누나 휴지, 샴푸, 커피 잔 같은 생활용품이나 부엌용품입니다. 모두 일상생활에 사용하는 물건들이기 때문에 실용적이면서도 오래 쓸 수 있는 물건입니다. 그중에서 어떤 선물은 특별한 의미가 있기도 합니다. 예를 들어 가루비누는 가루비누에서 나오는 거품처럼 돈을 많이 벌어서 부자가 되라는 뜻으로 주는 것입니다. 두루마리 휴지는 '돌돌 잘 풀리는 휴지처럼 모든 일이 잘 풀리라'는 뜻으로 주는 선물입니다.

People moving to a new house or newlyweds invite their family, friends, or relatives to their new house for a housewarming party, known as '집들이'. The master of the house prepares a meal for the people and those who have been invited bring a gift to congratulate the housewarming. People usually bring daily supplies or kitchen goods including soap powder, toilet paper, shampoo, and coffee mugs. They are practical gifts used everyday that can also be used for a long time. Some of them have a special meaning. For example, the soap powder is given so that the homeowner may earn as much money as the bubble from the soap and become rich. Toilet paper is given so that everything may turn out well just as the paper is easily unrolled.

01 한국 사람들이 집들이 선물로 많이 하는 가루비누나 두루마리 휴지에 담긴 특별한 뜻은 무엇입니까?

02 여러분 나라에서도 집들이를 합니까? 여러분 나라에서 집들이에 초대를 받으면 어떤 선물을 합니까? 그 선물은 어떤 의미가 있습니까?

문학 맛보기

Folk tale 달걀 열두 개로 한 축하

01 다음 선물들은 언제 많이 하는 선물입니까? 어떤 의미를 가지고 있을까요? 서로 이야기해 보세요.

02 다음은 전래동화 「달걀 열두 개로 한 축하」입니다. 신랑의 아버지는 왜 달걀을 선물로 받고 기뻐했는지 생각하면서 낭독해 보세요. 52

달걀 열두 개로 한 축하

옛날에 한 선비가 친구 아들 결혼식에 초대를 받았습니다. 그런데 그 사람은 너무 가난해서 결혼식에 입고 갈 옷도, 선물을 살 돈도 없었습니다. 그래서 결혼식에는 가지 않고 아주 작은 선물만 보내기로 했습니다.

선비는 돈을 모아서 달걀 열두 개를 샀습니다. 그리고 축하하는 마음을 가득 담아서 '축하해요. 가진 것이 없어서 달걀 열두 개밖에 살 수 없었어요. 신랑 신부가 이 달걀처럼 둥글고 알차게 살기를 바랍니다.

그리고 달걀의 겉은 옥 같고 속은 황금과 같으니까 달걀을 옥으로 받아서 황금처럼 쓰세요.' 라고 편지를 썼습니다.

이 선물과 편지를 받은 신랑 아버지는 아주 기뻤습니다. "세상에 이보다 더 값진 축하 선물은 없다."라고 말하면서 아들에게 그 편지를 가보로 남길 것을 부탁했습니다. 가난한 선비는 자기의 마음을 알아주는 친구가 고마웠습니다. 그 후 두 사람의 우정은 더욱 깊어졌습니다.

03 여러분이 지금까지 받은 선물 중에서 가장 기억에 남는 선물은 무엇입니까? 서로 이야기해 보세요.

달걀 egg · 선비 scholar · 가난하다 to be poor · 가득 fully · 담다 to fill · 둥글다 to be round · 알차다 to be filled (up) · 겉 outside · 옥 jade · 황금 gold · 세상 world · 값지다 to be valuable · 가보로 남기다 to hand down as a family treasure · (마음을) 알아주다 to sympathize with · 우정 friendship · 깊어지다 to become deeper

제12과

교통과 생활

Transportation and Life

제 12 과 교통과 생활 Transportation and Life

Part 1

준비합시다	1 -(으)ㄴ/는지 알다 2 (으)로 해서 3 -자마자
들어 봅시다	목적지까지 가는 방법에 대한 대화 듣기 Listening to a conversation on how to reach one's destination
말해 봅시다	택배 기사에게 길 알려 주기 Instructing the way to the deliveryman

Part 2

준비합시다	1 -았/었다가 2 -(으)ㄹ 테니까
들어 봅시다	교통 방송 듣기 Listening to the traffic channel
말해 봅시다	약속 시간에 늦은 이유 말하기 Giving the reason for being late to an appointment

Part 3

읽고 써 봅시다	대중교통에 대한 비교의 글 읽고 쓰기 Reading and writing comparisons on public transportation

CULTURE & LITERATURE

문화 알아보기	서울의 버스 Seoul's buses
문학 맛보기	시 Poem 「자전거」

Part 1

준비합시다

01 –(으)ㄴ/는지 알다

53

어떤 사실에 대해서 상대방이 알고 있는지 물어볼 때 어떻게 말할까요?

A 왕카이 씨, 학교에서 인천공항까지 어떻게 가는지 알아요?

B 네. 학교 앞 사거리에서 공항 버스를 타면 돼요.

문법

A/V + (으)ㄴ/는지 알다

–(으)ㄴ/는지 알다 is used to show that the other person is aware of a certain fact.

A	consonant + 은지 예 작은지	vowel + ㄴ지 예 큰지	A + 았/었는지 예 작았는지, 컸는지
V	V + 는지 예 가는지	V + 았/었는지 예 갔는지	V + (으)ㄹ 건지 예 갈 건지, 만들 건지

연습

여러분은 한국에 대해서 많이 알고 있습니까? 다음을 보고 '–(으)ㄴ/는지 알다', '–(으)ㄴ/는지 모르다'를 사용해서 말해 보세요.

	한국에 대한 질문	대답
보기	김치는 무엇으로 만듭니까? 압니까?	☐ 네 ☑ 아니요
①	서울 시청에서 인천공항까지 얼마나 걸립니까? 압니까?	☑ 네 ☐ 아니요
②	한글은 누가 만들었습니까? 압니까?	☑ 네 ☐ 아니요
③	KTX는 얼마나 빠릅니까? 압니까?	☐ 네 ☑ 아니요
④	한국에 외국인이 몇 명쯤 삽니까? 압니까?	☐ 네 ☑ 아니요
⑤	현재 한국의 대통령이 누구입니까? 압니까?	☑ 네 ☐ 아니요

A 김치는 무엇으로 만드는지 압니까?

B 아니요, 무엇으로 만드는지 몰라요.

· 대통령 the President

02 (으)로 해서

54

여러분은 여행을 갈 때 다른 곳을 들러서 간 적이 있지요? 어떤 곳을 경유해서 목적지에 갈 때 어떻게 말할까요?

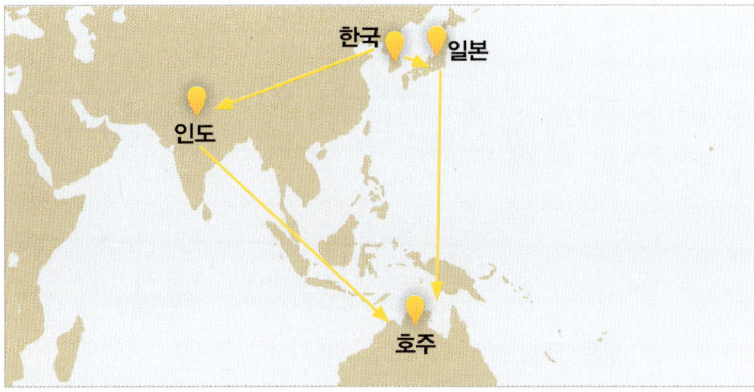

A 호주로 여행 가려고 하는데요. 싸게 가는 방법을 알아요?

B 일본으로 해서 호주에 가면 교통비를 줄일 수 있어요.

문법

N + (으)로 해서

(으)로 해서 shows the route leading to or on the way to a certain point.

consonant + 으로 해서 ⓔ 한국으로 해서 vowel + 로 해서 ⓔ 스위스로 해서

연습

다음 버스는 시청에서 어디로 해서 가는 버스인지 '(으)로 해서'를 사용해서 말해 보세요.

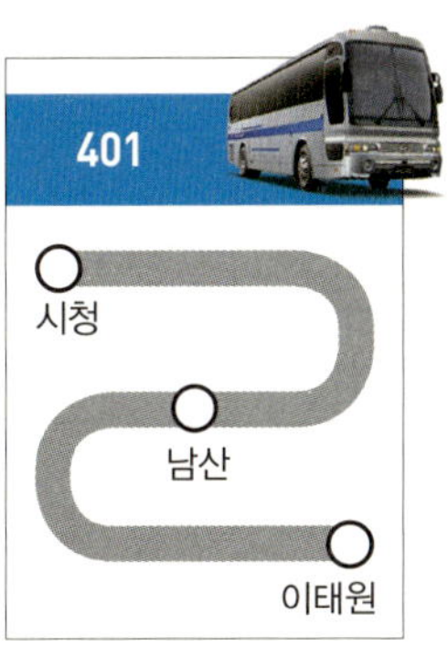

	버스 번호	노선
보기	401번	시청 → 남산 → 이태원
①	7011번	시청 → 이대역 → 월드컵경기장
②	143번	시청 → 이태원 → 압구정동
③	603번	시청 → 서울역 → 신촌역
④	507번	시청 → 숭례문 → 명동
⑤	8000번	시청 → 경복궁 → 국립민속박물관

A 401번 버스는 이태원까지 어디로 해서 갑니까?

B 남산으로 해서 갑니다.

- 이태원 Itaewon
- 이대역 Ewha Womans University subway station
- 월드컵경기장 World Cup stadium
- 서울역 Seoul Station
- 숭례문 Sungnyemun
- 국립민속박물관 National Folk Museum of Korea

03 –자마자

55

여러분은 어떤 행동을 한 후에 바로 다른 행동을 할 때 어떻게 말합니까?

A 오늘 같이 점심 먹을까요?

B 미안해요. 오늘 미국에서 친구가 와서 수업이 끝나자마자 공항에 마중 가야 돼요.

문법

V + 자마자

–자마자 is used when a certain situation is immediately followed by another situation. Sentences linked by '–자마자' may not contain a negative expression.

가 + 자마자 → 가자마자　　먹 + 자마자 → 먹자마자

연습

다음 사람들은 무엇을 하고 있습니까? 또 그 행동 후에 곧바로 어떤 행동을 했습니까? '–자마자'를 사용해서 말해 보세요.

보기 장소이

신호등이 바뀌다　길을 건넜다

① 나타샤

집에 들어오다　손을 씻다

② 마이클

졸업하다　취직했다

③ 왕카이

침대에 눕다　잠이 들었다

장소이 씨는 신호등이 바뀌자마자 길을 건넜습니다.

- 신호등 traffic light
- 바뀌다 to be changed
- 길을 건너다 to cross the road
- 들어오다 to come in
- 손을 씻다 to wash hands
- 눕다 to lie
- 잠이 들다 to fall asleep

들어 봅시다

목적지까지 가는 방법에 대한 대화 듣기

01 다음 교통수단을 이용해서 제주도에 가려고 합니다. 어떤 점이 좋습니까? 서로 이야기해 보세요.

02 다음은 장소이 씨와 박현미 씨의 대화입니다. 잘 듣고 물음에 답하세요. 56

(1) 다음 중 장소이 씨가 사려고 하는 표는 무엇일까요?

① Ticket

출발지		도착지
김포	→	제주
KE 1215		10:20 출발

이화항공

② Ticket

출발지		도착지
인천	→	제주
이화 페리		19:00 출발

(주)이화해운

③ Ticket

출발지	도착지
서울 → 광주 → 제주	
서울→광주	광주→제주
우등	KE 1218
09:40 출발	13:00 출발
이화고속	이화항공

(2) 다음 중 알맞지 않은 것은 무엇입니까?

① 광주로 해서 가면 멋진 경치를 볼 수 있다.

② 제주도까지 가장 싸게 가는 방법은 배를 타는 방법이다.

③ 제주도까지 비행기를 타면 시간과 비용을 절약할 수 있다.

(3) 맞는 것에 ✔표 하세요.

① 장소이 씨는 개강 직전에 제주도에 갈 것이다. 네 ______ 아니요 ______

② 놀러 가는 사람이 많아서 표가 매진되었다. 네 ______ 아니요 ______

③ 장소이 씨는 이미 교통편과 숙소를 예약했다. 네 ______ 아니요 ______

- 출발지 place of departure
- 도착지 destination
- 김포 Kimpo
- 우등 deluxe
- 항공 airline
- 해운 marine transportation
- 고속 high speed
- 비용 cost

Part 1

말해 봅시다

택배 기사에게 길 알려 주기

택배 기사가 여러분 집에 방문하려고 합니다. 어디로 해서 오면 빠를까요? 택배 기사에게 집까지 오는 빠른 길을 알려 주세요.

Try it!

말풍선을 따라 대화를 구성해 보세요.

	나타샤 택배 기사에게 집까지 오는 빠른 길을 알려 주세요.	택배 기사 어디로 가는 것이 빠른지 나타샤에게 물어보세요.
1. 택배 배달 확인하기	여보세요?	이화 택배 나타샤 씨 댁 맞다?
2. 가는 길 물어보기	맞다	주문하신 물건 | 배달하러 가다 지금 명동이다 + 여기서 어떻게 가면 **되다** | **알다**?
3. 집까지 오는 길 알려 주고 빠른 길 묻기	거기서 저희 집 | **시청** | 오다 + **서울역** | 오다	**어디** | 가다 | 더 빠르다?
4. 빠른 길 알려 주고 가는 방법 묻기	**시청** | 오다 | 가장 빠르다 + 막히지 않다	그러면 **시청** | 가는 길 | 알려 주다?
5. 빠른 길로 가는 방법 알려 주고 집 주변 길 묻기	시청 | 아현동 방향 | 계속 직진하다 + 지하철 2호선 이대역 | 보이다	○ 거기에서 어떻게 가다?
6. 집 주변 길 알려 주기	이대역 사거리 | 우회전 | 하다 80m 더 가다 + 왼쪽 | 커피숍 | 있다 커피숍을 **지나다** | 좌회전하다 + 아파트 | 보이다	고맙다 곧 방문하겠다

대화

57

나타샤	여보세요?
택배 기사	이화 택배입니다. 나타샤 씨 댁 맞습니까?
나타샤	네, 맞아요.
택배 기사	주문하신 물건을 배달하러 가고 있습니다. 지금 명동인데 여기서 어떻게 가면 되는지 아세요?
나타샤	거기서 저희 집까지는 시청으로 해서 올 수도 있고 서울역으로 해서 올 수도 있어요.
택배 기사	어디로 해서 가는 게 더 빨라요?
나타샤	시청으로 해서 오는 게 가장 빠르고 막히지 않습니다.
택배 기사	그렇군요. 그러면 시청으로 해서 가는 길을 좀 알려 주시겠어요?
나타샤	시청에서 아현동 방향으로 계속 직진하면 지하철 2호선 이대역이 보일 거예요.
택배 기사	네. 거기에서는 어떻게 가야 합니까?
나타샤	이대역 사거리에서 우회전을 하세요. 80m쯤 더 가면 왼쪽에 커피숍이 있어요. 커피숍을 지나자마자 좌회전하면 이화아파트가 보일 겁니다.
택배 기사	네, 고맙습니다. 곧 방문하겠습니다.

표현

- 목적지까지 가는 길 묻기

신촌에 어떻게 가면 되는지 아세요?
신촌까지 어디로 해서 가는지 아세요?
여기에서 신촌까지 어떻게 가면 될까요?
신촌까지 어디로 해서 가는지 알려 주시겠어요?

확장

여러분 친구에게 목적지까지 가는 가장 좋은 길을 묻고 답하세요.

출발지 → 목적지	가는 길
학교 정문 → 기숙사	학교 정문 → 학생 식당 → 도서관 → 기숙사
경복궁 → 남산	경복궁 → 인사동 → 명동 → 남산

· 택배 **home delivery** · 직진하다 **to go straight** · 사거리 **crossroad** · 우회전하다 **to turn right** · 좌회전하다 **to turn left**

Part 2

준비합시다

01 –았/었다가

여러분은 표를 사러 갔는데 사람이 많아서 못 사고 온 적이 있습니까? 이때 어떻게 말할까요?

A 티엔 씨, 기차표는 예매했어요?

B 아니요. 예매하러 갔다가 사람이 너무 많아서 못 하고 왔어요.

문법

V + 았/었다가

–았/었다가 is used to switch to a new action once a certain action has been completed. It is generally used with verbs with the opposite meaning.

어간 'ㅏ', 'ㅗ' + 았다가 예 갔다가, 탔다가
그 밖의 어간 + 었다가 예 먹었다가, 입었다가

연습

일을 다 했는데 어떤 이유로 새로운 일을 다시 해야 할 때가 있지요? '–았/었다가'를 사용해서 말해 보세요.

	먼저 한 일	나중에 한 일
보기	학교에 오는 길에 버스를 탔다	고장이 나서 내렸다
①	창문을 열었다	비가 와서 닫았다
②	텔레비전을 켰다	재미있는 프로그램을 하지 않아서 껐다
③	높은 구두를 신었다	불편해서 벗었다
④	빨간색 넥타이를 맸다	안 어울려서 풀었다
⑤	인터넷으로 옷을 주문했다	마음이 바뀌어서 취소했다

학교에 오는 길에 버스를 탔다가 고장이 나서 내렸어요.

· 매다 to tie

02 -(으)ㄹ 테니까

눈이 오는 날에 길은 어떻습니까? 길의 상태를 추측해서 말할 때 어떻게 말할까요?

A 여러분, 눈이 와서 길이 미끄러울 테니까 집으로 돌아갈 때 조심하세요.

B 네, 알겠습니다. 선생님도 조심하세요.

문법

A/V + (으)ㄹ 테니까

-(으)ㄹ 테니까 shows the speaker's strong supposition on the following context.

A	consonant + 을 테니까	예 작을 테니까	vowel, ㄹ + ㄹ 테니까	예 클 테니까, 멀 테니까
V	consonant + 을 테니까	예 먹을 테니까	vowel, ㄹ + ㄹ 테니까	예 갈 테니까, 만들 테니까

연습

질문에 추측해서 대답하려고 합니다. '-(으)ㄹ 테니까'를 사용해서 말해 보세요.

	추측	조언
보기	주말에 길이 막히다	집에서 일찍 출발하다
①	이번 시험이 어렵다	준비를 철저히 하다
②	오후에 비가 오다	우산을 가지고 가다
③	주말에는 백화점이 붐비다	금요일에 장을 보다
④	새로 시작한 사업이 잘되다	걱정하지 말다
⑤	다음에는 장학금을 받다	지금부터 열심히 준비하다

A 주말에 길이 막힐까요?

B 네. 길이 막힐 테니까 집에서 일찍 출발하세요.

· 미끄럽다 to be slippery
· 붐비다 to be crowded

어휘

교통

60

길을 막다

길이 막히다

교통사고가 나다

택시를 잡다

버스를 놓치다

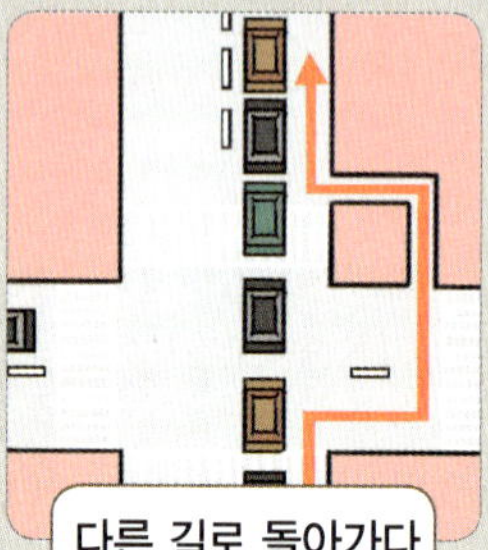

다른 길로 돌아가다

음주 운전하다

신호를 어기다

신호가 바뀌다

Part 2

들어 봅시다

교통 방송 듣기

01 이곳은 무엇을 하는 곳일까요? 서로 이야기해 보세요.

02 다음은 교통 방송입니다. 잘 듣고 물음에 답하세요. 61

(1) 오늘 아침에 올림픽대로가 막히는 이유는 무엇입니까?

① 교통사고가 나서 ② 안개가 많이 껴서 ③ 고장 난 차가 있어서

(2) 오늘 아침에 경부고속도로에서 가장 정체된 곳은 어디입니까?

☐ 반포 인터체인지 ☐ 서초 인터체인지 ☐ 양재 인터체인지 ☐ 판교 인터체인지

(3) 맞는 것에 ✔표 하세요.

① 지금 김포공항에 가려면 올림픽대로로 가는 것이 가장 빠르다.

네 _____ 아니요 _____

② 경부고속도로에 들어왔다가 다른 곳으로 돌아가는 차들이 많다.

네 _____ 아니요 _____

③ 오늘은 행사 때문에 하루 종일 시청 주변의 길을 막을 것이다.

네 _____ 아니요 _____

- 교통 방송 traffic channel
- 올림픽대로 Olympic highway
- 안개 fog
- 경부고속도로 Gyeongbu Expressway
- 정체되다 to be congested (traffic, roads, etc)
- 인터체인지 interchange

Part 2

말해 봅시다

약속 시간에 늦은 이유 말하기

친구와의 약속 시간에 늦었습니다. 약속 시간에 늦은 이유와 연락을 못 한 이유를 친구에게 설명해 보세요.

Try it!

말풍선을 따라 대화를 구성해 보세요.

<table>
<tr><th></th><th>장소이
약속 시간에 늦은 이유와 전화하지 못 한 이유를 말하고 친구에게 사과하세요.</th><th>티엔
친구에게 약속 시간에 왜 늦었는지 묻고 전화하지 못한 이유도 물으세요.</th></tr>
<tr><td>1. 미안함 표현하기</td><td>정말 많이 기다렸다?</td><td>무슨 일 | 있었다?</td></tr>
<tr><td>2. 늦은 이유 간략하게 말하기</td><td>길 | 너무 막히다 + 늦었다
미안하다</td><td>전화 | 안 받다 + 약속 시간 | 1시간 |
지났다 + 오지 않다 + 걱정 | 많이 했다</td></tr>
<tr><td>3. 연락 못 한 이유 말하기</td><td>전화하려고 했다 + 휴대
전화 배터리 | 없었다</td><td>지하철 | 타지 않다 + 버스 | 타고 왔다?</td></tr>
<tr><td>4. 늦은 이유 자세히 말하기</td><td>보통 | 버스 | 훨씬 빨라서 탔다 +
오늘 | 길 | 너무 막혔다
버스 | 탔다 + 지하철 | 갈아탔다</td><td>오늘 | 왜 길 | 막혔다?</td></tr>
<tr><td>5. 길이 막힌 이유 말하기</td><td>시청 앞 | 행사 | 있다 +
차 | 꼼짝도 안 했다</td><td>힘들었다 + 밥 | 먹으러 가다</td></tr>
<tr><td>6. 사과하기</td><td>오늘 늦다 + 정말 미안하다</td><td>괜찮다
장소이 씨 | 어쩔 수 없었다</td></tr>
</table>

대화

62

장소이 티엔 씨, 정말 많이 기다렸지요?
티엔 장소이 씨, 무슨 일이 있었어요?
장소이 길이 너무 막혀서 늦었어요. 미안해요.
티엔 전화도 안 받고 약속 시간이 1시간이나 지났는데 오지 않아서 걱정을 많이 했어요.
장소이 전화하려고 했는데 휴대 전화 배터리가 없었어요.
티엔 그런데 지하철을 타지 않고 버스를 타고 왔어요?
장소이 보통은 버스가 훨씬 빨라서 탔는데 오늘은 길이 너무 막혔어요. 그래서 버스를 탔다가 지하철로 갈아탔어요.
티엔 그런데 오늘은 왜 길이 막혔어요?
장소이 시청 앞에 행사가 있어서 차가 꼼짝도 안 했어요.
티엔 그랬군요. 힘들었을 테니까 밥이나 먹으러 가요.
장소이 오늘 늦어서 정말 미안해요.
티엔 괜찮아요. 장소이 씨도 어쩔 수 없었잖아요.

표현

■ 교통이 정체된 상태 설명하기

길이 막혔어요.
차가 밀렸어요.
차가 꼼짝도 하지 않았어요.
시내가 주차장처럼 되었어요.
차가 움직이지 않고 계속 서 있었어요.

■ 사과 받아들이기

A: 정말 미안해요.
B: 아니에요. 신경 쓰지 마세요.
괜찮아요. 어쩔 수 없었잖아요.
괜찮아요. 미안해하지 마세요.

확장

친구와의 약속에 늦었습니다. 늦은 이유를 친구에게 말해 보세요.

늦은 이유	자세한 상황
학교 앞에서 교통사고가 났다	택시를 탔다 → 길이 막혔다 → 지하철로 갈아탔지만 30분 늦었다
지갑을 집에 놓고 왔다	집에서 나왔다 → 집에 돌아가서 지갑을 가지고 나왔다 → 버스를 놓쳤다

· 배터리 battery · 꼼짝 budging · 어쩔 수 없다 to be inevitable

Part 3

읽고 써 봅시다

대중교통에 대한 비교의 글 읽고 쓰기

01 다음은 여러 나라의 대중교통 사진입니다. 다음 대중교통은 어떤 특징이 있는지 이야기 해 보세요.

02 한국과 방글라데시의 대중교통을 비교한 글입니다. 다음을 읽고 물음에 답하세요. 63

____

대중교통은 나라마다 그 종류가 매우 다양합니다. 여러분은 한국과 방글라데시에서 어떤 대중교통을 많이 이용하는지 알고 있습니까?

한국의 대표적인 대중교통은 지하철, 버스, 택시입니다. 버스나 지하철은 빠르기 때문에 사람들이 많이 이용합니다. 특히 복잡한 시내로 해서 다른 곳에 가야 하는 경우 대중교통을 이용하면 편리합니다. 버스는 버스 전용 차로로 가기 때문에 길이 막히지 않아서 좋고 지하철은 시간을 절약할 수 있어서 좋습니다. 그리고 다른 대중교통으로 갈아타는 경우, 교통비도 할인되어서 편리합니다.

방글라데시의 대중교통에는 버스, 택시, 릭샤(rickshaw)가 있습니다. 특히 많이 이용하는 것은 릭샤입니다. 배낭여행이나 출장으로 방글라데시에 갔다가 온 관광객들도 릭샤를 이용합니다. 릭샤는 자전거를 개조한 특별한 교통수단입니다. 손님이 앉는 의자에 지붕이 있어서 비 오는 날에도 탈 수 있습니다.

사람들이 릭샤를 많이 이용하는 이유는 이용 요금이 싸기 때문입니다. 또한 자동차가 다니기 힘든 좁은 골목길도 쉽게 다니기 때문에 급한 일이 있거나 약속 시간에 늦었을 때 편리합니다.

이렇게 나라마다 대중교통은 다릅니다. 다른 나라에 여행을 가면 도착하자마자 그 나라만의 대중교통을 쉽게 볼 수 있을 테니까 한번 이용해 보십시오. 못 잊을 경험이 될 겁니다.

(1) 위의 글에 알맞은 제목을 써 보세요.

____

(2) 한국 사람들이 버스나 지하철을 이용하는 이유는 무엇입니까?

① 버스와 지하철이 빠르기 때문에 ② 시내에만 버스 전용 차로가 있기 때문에

③ 이용 요금이 싸기 때문에

- 버스 전용 차로 **exclusive bus lane**
- 배낭여행 **backpacking trip**
- 개조하다 **to alter**
- 지붕 **roof**
- 골목길 **alley**

(3) 릭샤에 대한 내용입니다. 맞는 것에 ✔표 하세요.

① 비가 오면 이용할 수 없다. 네 ____ 아니요 ____

② 좁은 골목길은 갈 수 없다. 네 ____ 아니요 ____

③ 사람들은 교통비가 싸기 때문에 많이 이용한다. 네 ____ 아니요 ____

(4) 다음 두 나라의 대중교통 수단을 보고 어떤 특징이 있는지 이야기해 보세요.

한국

방글라데시

03 여러분 나라와 다른 나라의 대중교통을 비교하는 글을 써 보세요.

(1) 여러분 나라와 다른 나라에서 자주 이용하는 대중교통을 비교하는 글을 쓰려고 합니다. 메모해 보세요.

Ⅰ. 들어가는 말: ________________

Ⅱ. 여러분 나라에서 자주 이용하는 대중교통

1. 대중교통: ________________

2. 이유: ________________

Ⅲ. 다른 나라에서 자주 이용하는 대중교통

1. 대중교통: ________________

2. 이유: ________________

Ⅳ. 맺는 말: ________________

(2) 위의 메모를 보고 비교하는 글을 써 보세요.

낭독

[보기]를 참고하여 'ㄴ 첨가(insertion of ㄴ)'에 주의하면서 글을 낭독하세요. 64

보기 이용 요금 [이용뇨금], 급한 일 [그판닐]

사람들이 릭샤를 많이 이용하는 이유는 이용 요금이 싸기 때문입니다. 또한 자동차가 다니기 힘든 좁은 골목길도 쉽게 다니기 때문에 급한 일이 있거나 약속 시간에 늦었을 때 편리합니다. 배낭여행이나 출장으로 방글라데시에 갔다가 온 관광객들도 릭샤를 타 본 경험을 많이 이야기합니다. 여러분도 다른 나라에 가자마자 그 나라만의 대중교통을 쉽게 볼 수 있을 테니까 한번 이용해 보십시오. 못 잊을 경험이 될 겁니다.

문화 알아보기

서울의 버스

서울의 버스는 파란색, 초록색, 빨간색, 노란색 4가지의 색깔로 구분됩니다. 이 색깔은 간선버스, 지선버스, 광역버스, 순환버스를 의미합니다.

파란색 버스는 서울의 전 지역을 운행하는 간선버스입니다. 서울 전체를 7개로 나누어 그곳에서 서울 중심을 신속하게 연결하는 버스입니다. 초록색 버스는 주로 지하철로 환승할 수 있는 곳까지 연결해 주는 지선버스입니다. 그리고 빨간색 버스는 서울과 서울 주변의 경기도까지 빠르게 연결하는 광역버스입니다. 예를 들면 서울과 인천이나 서울과 분당, 일산 등을 운행하는 버스입니다. 마지막으로 노란색 버스는 서울 시내에서 일정 지역을 운행하는 순환버스입니다.

Seoul's buses are differentiated by four colors: blue, green, red, and yellow. The colors represent long-transit, short-transit, metropolitan, and belt-line buses.

The blue long-transit bus runs throughout the entire city of Seoul. It is divided into 7 areas within Seoul and connects the regions with the core of the city. The green short-transit bus generally runs to subway stations for transfer. The red metropolitan bus provides fast connections between Seoul and the Gyeonggi Province surrounding Seoul. It runs between Seoul and Incheon, Seoul and Bundang, Ilsan, etc. Lastly, the yellow belt-line bus runs between specific areas within the city of Seoul.

01 서울의 버스는 4가지 색으로 구분됩니다. 4가지 색깔의 버스는 각각 어떻게 다릅니까?

02 여러분 나라의 버스는 어떻게 구분됩니까? 서로 이야기해 보세요.

문학 맛보기

Poem 자전거

01 다음 그림을 보고 느낌을 말로 표현해 보세요.

02 다음은 시 「자전거」입니다. 자전거를 타고 내리막길을 달릴 때 느낌을 생각하며 낭송해 보세요. 65

자전거

김종길(1926~)

내리막길에서는 가속이 붙는다.
발은 페달에 올려놓으면 된다.

그러나 균형은 잡아야 한다.
무엇이 갑자기 뛰어들지도 모른다.
그런 뜻하지 않은 일에도 대비해야지.

(후략)

『천지현황』, 미래사, 1991

03 여러분은 예상하지 못한 일을 대비하여 준비할 때가 있지요? 어떤 준비를 했습니까? 서로 이야기해 보세요.

· 내리막길 **downward slope** · 가속이 붙다 **to catch speed** · 페달 **pedal** · 균형을 잡다 **to keep balance**
· 뛰어들다 **to jump into** · 뜻하지 않은 일 **unexpected things** · 대비하다 **to prepare for**

제13과

이웃과 집

Neighbors and Houses

제 13과 이웃과 집 Neighbors and Houses

Part 1

준비합시다

1 –아/어야겠–   2 아무도, 아무것도, 아무 데도

3 –기(가) 쉽다

들어 봅시다

부동산 소개소에서 집 구하는 대화 듣기
Listening to a conversation on searching for a house through a real estate

말해 봅시다

하숙집과 기숙사의 장단점 비교하기
Comparing the good and bad points of a boarding house and a dormitory

Part 2

준비합시다

1 –게 되다   2 –(으)ㄹ수록

들어 봅시다

하숙집 아주머니에게 부탁하는 대화 듣기
Listening to a conversation of asking a favor to boardinghouse owner

말해 봅시다

기숙사 시설에 대한 정보 얻기
Getting information on dormitory facilities

Part 3

읽고 써 봅시다

인터넷 게시판의 동네 소개 글 읽고 쓰기
Reading and writing an introduction to a neighborhood on an online bulletin

CULTURE & LITERATURE

문화 알아보기 **전세와 월세** Deposit-basis lease and monthly rent

문학 맛보기 **노래** Song 「그 집 앞」

Part 1

준비합시다

01 –아/어야겠–

66

꼭 이사를 하겠다는 여러분의 생각이나 의지를 말하려고 할 때 어떻게 말할까요?

A 미셸 씨, 이사하려고요?

B 네. 집이 멀어서 학교 근처로 옮겨야겠어요.

문법

V + 아/어야겠

–아/어야겠– is used to express a strong will for an action to take place.

어간 'ㅏ', 'ㅗ' + 아야겠다 예 가야겠다, 와야겠다

그 외의 어간 + 어야겠다 예 배워야겠다, 먹어야겠다

연습

여러분은 다음 문제 때문에 고민입니다. 문제의 해결 방법을 '–아/어야겠–'을 사용해서 말해 보세요.

	이름	문제	해결 방법
보기	이치로	한국 겨울 날씨가 일본보다 춥다	추워서 목도리하고 장갑을 사다
①	장소이	요즘도 두통이 심하다	너무 아파서 병원에서 진찰을 받다
②	왕카이	컴퓨터가 또 고장 났다	고장이 자주 나서 새 걸로 바꾸다
③	나타샤	티엔 씨가 오늘도 결석했다	걱정이 돼서 티엔 씨에게 전화해 보다
④	미셸	오늘 아침을 안 먹었다	배가 너무 고파서 간단한 걸 먹다
⑤	얀	같은 방 친구가 매일 밤늦게까지 전화하다	잠을 잘 수 없어서 그 친구에게 이야기하다

A 이치로 씨, 한국 겨울 날씨가 일본보다 추워요?

B 네. 추워서 목도리하고 장갑을 사야겠어요.

· 옮기다 to move
· 결석하다 to be absent

02 아무도, 아무것도, 아무 데도

여러분이 새로 이사 와서 동네에 아는 사람이 전혀 없습니다. 이를 어떻게 말하면 좋을까요?

A 동네 사람 중에서 아는 사람이 있어요?

B 아니요. 이사한 지 얼마 안 돼서 아무도 몰라요.

문법

아무도, 아무것도, 아무 데도

아무도, 아무것도 and 아무 데도 refer to a nonspecific person, object, or place. They are followed by a negative expression.

아무 + 도 → 아무도　　아무 + 것도 → 아무것도　　아무 + 데도 → 아무 데도

연습

여러 가지 중에서 어느 것도 가능하지 않다고 대답하고 싶을 때 어떻게 말할까요? '아무도', '아무것도', '아무 데도' 등을 사용해서 말해 보세요.

물어볼 내용	대답
보기 이사 가는 걸 하숙집 아주머니나 같은 방 친구에게 말했다	두 사람을 다 못 만났다 / 말하지 못했다
① 집들이 선물로 가루비누나 휴지를 준비했다	시간이 없다 / 준비 못 했다
② 한국에서 부산이나 제주도에 여행 가 봤다	일이 너무 많다 / 못 가 봤다
③ 얀 씨 생일을 다른 사람이 알고 있었다	얀 씨가 말하지 않았다 / 몰랐다
④ 담배를 교실이나 휴게실에서 피울 수 있다	학교는 금연 구역이다 / 담배를 피울 수 없다
⑤ 약속 시간이 바뀐 걸 마이클 씨나 티엔 씨에게서 연락받았다	오늘 휴대 전화를 안 가져왔다 / 전화 못 받았다

- 동네 neighborhood
- 휴게실 break room
- 금연 구역 nonsmoking area

A 이사 가는 걸 하숙집 아주머니나 같은 방 친구에게 말했어요?

B 아니요. 두 사람을 다 못 만나서 아무에게도 말하지 못했어요.

03 –기(가) 쉽다

68

여러분은 어떤 일을 할 때 쉽고, 어떤 일을 할 때 어렵습니까? 어떤 일이 쉽거나 어려운 것을 말할 때 어떻게 할까요?

A 학교 근처는 하숙집을 구하기가 어려워요?

B 아니요. 하숙집이 많아서 구하기 쉬워요.

문법

V + 기(가) 쉽다

–기(가) 쉽다 is used when you think something is easy to do.

실수하 + 기(가) 쉽다 → 실수하기(가) 쉽다　　읽 + 기(가) 쉽다 → 읽기(가) 쉽다

Tip V + 기(가) may be followed by 어렵다, 좋다, 나쁘다, 편하다, 불편하다, 재미있다, 힘들다, etc.
예 이 책은 그림이 많아서 읽기가 쉬워요.

연습

다음은 서울 생활에 대한 내용입니다. '–기(가) 쉽다', '–기(가) 어렵다', '–기(가) 편하다', '–기(가) 불편하다'를 사용해서 말해 보세요.

	서울 생활	이유	평가	
보기	버스 타고 다니기	버스 노선이 많다	**쉽다**	어렵다
①	길 찾기	작은 골목이 많다	쉽다	**어렵다**
②	취직하기	한국어를 잘 못하다	쉽다	**어렵다**
③	물건 사기	싸고 좋은 가게가 많다	**편하다**	불편하다
④	병원 이용하기	외국인 통역 서비스가 있다	**편하다**	불편하다
⑤	시내에 주차하기	주차장이 많지 않다	편하다	**불편하다**

A 서울에서 버스 타고 다니기가 어때요?

B 버스 노선이 많아서 타고 다니기가 쉬워요.

· 노선 (transportation) line
· 통역 interpretation

들어 봅시다

부동산 소개소에서 집 구하는 대화 듣기

01 이 사람은 지금 어디에 있을까요? 이곳에 무슨 일로 갔을까요?

02 다음은 미셸 씨와 부동산 소개소 중개인의 대화입니다. 잘 듣고 물음에 답하세요. 69

(1) 미셸 씨는 무슨 일로 부동산 소개소에 갔습니까?

① 살고 있는 집을 팔려고 갔다.

② 새로 이사할 집을 알아보려고 갔다.

③ 지금 살고 있는 집의 가격을 물어보려고 갔다.

(2) 부동산 소개소 중개인이 소개한 집의 광고로 알맞은 것은 무엇입니까?

①	②	③
세입자 구함	세입자 구함	세입자 구함
• 방 2개 • 전세 4천만 원 • 월세 3천만 원, 50만 원 • 지하철역 근처	• 방 1개, 화장실 2개 • 전세 4천만 원 • 월세 2천만 원, 100만 원 • 에어컨 있음	• 방 2개, 부엌 있음 • 전세 5천만 원 • 월세 3천만 원, 50만 원 • 학교 근처, 주변에 편의 시설 있음 • 에어컨 있음

(3) 맞는 것에 ✔표 하세요.

① 이 집은 학교에서 멀지만 지하철역 근처라서 인기가 많다. 네 ____ 아니요 ____

② 이 집에 지금 사는 사람이 없다. 네 ____ 아니요 ____

③ 미셸 씨는 이 집이 마음에 들어서 내일 이사하기로 했다. 네 ____ 아니요 ____

- 부동산 소개소 **real estate agency**
- 중개인 **agent**
- 세입자 **renter**
- 전세 **deposit-basis lease**
- 월세 **monthly rent**
- 주변 **periphery**

Part 1

말해 봅시다

하숙집과 기숙사의 장단점 비교하기

친구가 기숙사에서 하숙집으로 이사하려고 합니다. 하숙집과 기숙사의 장단점을 비교해 보세요.

Try it!

말풍선을 따라 대화를 구성해 보세요.

	미셸 기숙사에서 하숙집으로 이사를 하려고 합니다. 친구에게 하숙집의 장단점을 물어보고 기숙사의 장단점도 이야기하세요.	티엔 기숙사에서 하숙집으로 이사하려는 친구에게 하숙집의 장단점에 대해 답하고 기숙사 생활에 대해 물어보세요.
1. 하숙집과 기숙사 비교해서 묻고 답하기	하숙집 | 살다? 하숙집 | 기숙사 | 비하다 | 편하다?	둘 다 장단점 | 있다 왜요? 이사하다?
2. 하숙집의 장점 말하기	그동안 기숙사 | 살았다 + 하숙집 | 옮기다	하숙집 | 식사 준비 | 할 필요 없다 + 편하다
3. 하숙집의 단점 묻고 답하기	불편한 건 뭐?	여러 사람 | 같이 살다 + 사생활 | 간섭받다 + **생활하다** | **불편한 점도 있다**
4. 기숙사의 장단점 말하기	기숙사 | **아무도** 간섭하지 않다 + 편하다 + 식사 | 사 먹어야 되다 + 불편하다	기숙사 | 살다 + 한국 친구들 | 많이 사귀다?
5. 한국 친구 사귈 기회 비교하기	사귈 수 있다 + 친구들 | 바쁘다 + **자주 만나다** | **힘들다**	하숙집 | 식사할 때 자주 보다 + 쉽게 사귀다
6. 자신의 생각 말하기	좋다! 좋은 하숙집 | **알아보다**	

대화

70

미셸	티엔 씨, 하숙집에서 살지요? 하숙집은 기숙사에 비해서 편해요?
티엔	글쎄요. 둘 다 장단점이 있어요. 그런데 왜요? 이사하려고요?
미셸	네. 그동안 기숙사에서 살았는데 하숙집으로 옮기려고요.
티엔	하숙집은 식사 준비를 할 필요가 없으니까 편해요.
미셸	그럼 불편한 건 뭐예요?
티엔	여러 사람이 같이 사니까 사생활을 간섭받아서 생활하기 불편한 점도 있어요.
미셸	그래요? 기숙사는 아무도 간섭하지 않으니까 편한데 식사는 항상 사 먹어야 돼서 불편해요.
티엔	그런데 기숙사에서 살면 한국 친구들을 많이 사귈 수 있어요?
미셸	사귈 수 있지만 친구들도 바빠서 자주 만나기 힘들어요.
티엔	하숙집에서는 식사할 때 자주 보니까 쉽게 사귈 수 있어요.
미셸	그거 참 좋군요. 좋은 하숙집을 한번 알아봐야겠어요.

표현

- 하숙집과 기숙사 비교하여 질문하기

하숙집이 기숙사보다 나아요?
하숙집은 기숙사에 비해서 편해요?
하숙집이 기숙사보다 살기 좋아요?
하숙집, 기숙사, 둘 중에서 뭐가 더 좋을까요?

- 장단점이 모두 있음을 표현하기

장단점이 다 있죠.
장점도 있고 단점도 있어요.
좋은 점도 있고 나쁜 점도 있어요.

확장

여러분은 하숙집에서 원룸으로 이사를 가려고 합니다. 하숙집과 원룸의 장단점을 비교해 보세요.

	장점	단점
하숙집	한국 친구를 많이 사귈 수 있다, 식사 준비를 할 필요가 없다	사생활을 간섭받을 수 있다, 공동 샤워실을 써야 하다
원룸	사생활을 간섭받지 않다, 개인 샤워실이 있어서 편하다	집값이 비싸다, 식사 준비를 해야 하다

· 장단점 good and bad points · 사생활 one's private life · 간섭받다 to be intruded · 간섭하다 to intrude

Part 2

준비합시다

01 –게 되다

71

여러분의 생각이나 의지와 관계없이 다른 상황 때문에 어떤 일을 할 때가 있지요? 그때 어떻게 말할까요?

A 나타샤 씨, 이사 가세요?

B 네. 남편 직장 때문에 외국에 가게 됐어요.

문법

V + 게 되다

–게 되다 is used to show another person's actions or a situation due to an external reason, different to the will or hope of the subject.

가 + 게 되다 → 가게 되다　　닫 + 게 되다 → 닫게 되다

연습

다음은 어떤 일의 결과와 원인입니다. '–게 되다'를 사용해서 말해 보세요.

	결과	원인
보기	회사가 문을 닫았다	수출이 안 되다
①	사무실을 옮겼다	싸고 좋은 사무실을 구하다
②	면접시험을 급하게 봤다	회사에서 갑자기 연락이 오다
③	휴가에 여행을 못 갔다	같이 가기로 한 사람들이 취소하다
④	여자 친구하고 헤어졌다	부모님이 만나는 걸 반대하시다
⑤	아르바이트를 그만두었다	회사에 취직이 되다

A 왜 회사가 문을 닫았어요?

B 수출이 안 돼서 닫게 됐어요.

- 직장 job
- 수출 export
- 반대하다 to oppose
- 그만두다 to quit

02 -(으)ㄹ수록

72

같은 동네에 계속 살면서 그곳에 대해 편안함을 더 많이 느끼게 될 때 어떻게 말할까요?

A 이 동네는 살기 좋지요?

B 네. 처음에는 몰랐는데 살수록 살기 편해요.

문법

A/V + (으)ㄹ수록

-(으)ㄹ수록 is used when a situation or degree becomes more severe and the following result or situation is either more or less than the previous incident.

싸 + ㄹ수록 → 쌀수록　　많 + 을수록 → 많을수록
보 + ㄹ수록 → 볼수록　　먹 + 을수록 → 먹을수록

Tip When emphasizing -(으)ㄹ수록, the same adjective or verb is repeated by using -(으)면 -(으)ㄹ수록. 예 싸면 쌀수록, 먹으면 먹을수록

연습

다음은 상황에 따라 변화된 결과입니다. '-(으)ㄹ수록'을 사용해서 말해 보세요.

	상황	변화된 결과
보기	아파트는 교통이 편리하다 • ——— •	출퇴근하기 좋아서 인기가 많다
①	도와주는 사람이 많다 •	• 재미있어서 계속 공부하게 되다
②	한국말을 배우다 •	• 통학하기 편해서 찾는 사람이 많다
③	한국 영화를 보다 •	• 일이 빨리 끝나다
④	학교에서 가까운 하숙집이다 •	• 아이들 실력이 늘어서 보람이 있다
⑤	아이들에게 영어를 가르치다 •	• 한국 영화배우에 관심이 생기다

아파트는 교통이 편리할수록 출퇴근하기 좋아서 인기가 많아요.

- 출퇴근하다 to attend work
- 통학하다 to attend school
- 실력 skill
- 보람 worth

Part 2

들어 봅시다

하숙집 아주머니에게 부탁하는 대화 듣기

01 하숙집에서 생활한다면 다음 중 가장 불편한 것이 무엇일까요? 왜 그렇게 생각합니까? 서로 이야기해 보세요.

02 다음은 얀 씨와 하숙집 아주머니의 대화입니다. 잘 듣고 물음에 답하세요. 73

(1) 얀 씨가 말한 불만 두 가지는 무엇입니까?

① ______________________________.

② ______________________________.

(2) 얀 씨의 불만에 대한 아주머니의 대답이 아닌 것은 무엇입니까?

① 옆방에 사는 사람에게 주의를 주겠다.

② 얀 씨의 방을 다른 곳으로 옮겨 주겠다.

③ 내일부터 밥과 빵을 모두 준비해 주겠다.

(3) 맞는 것에 ✓표 하세요.

① 옆방에 사는 사람은 주말에 바빠서 만날 수 없다. 네 _____ 아니요 _____

② 얀 씨는 아주머니가 도와주어서 감사해 하고 있다. 네 _____ 아니요 _____

③ 아주머니는 얀 씨의 부탁 때문에 기분이 좋지 않다. 네 _____ 아니요 _____

· 불만 dissatisfaction
· 주의를 주다 to give warning

어휘

기숙사 시설

1인 1실

2인 1실

세탁실

조리실

경비실

체력 단련실

공동 샤워실

냉방 시설

난방 시설

Part 2

말해 봅시다

기숙사 시설에 대한 정보 얻기

기숙사에 새로 들어왔습니다. 같은 방 친구와 인사를 나누고 기숙사의 각 층에는 어떤 시설이 있는지 같은 방 친구에게 물어보세요.

Try it!

말풍선을 따라 대화를 구성해 보세요.

	리사 자신을 소개하고 기숙사 시설에 대해 물어보세요.	은경 기숙사 시설에 대해 알고 있는 것을 새로 온 방 친구에게 알려 주세요.
1. 소개하기	안녕? 오늘 | 같이 방 | **쓰다** | 리사	반갑다 김은경 4학년이다 + 정치학을 전공하다 어느 나라?
2. 한국에 온 목적 말하기	미국 사람 이번 학기 | 여기 | 한국어 | **공부하다**	한국어 | 잘하시다! 한국어 | 재미있다?
3. 기숙사의 조리 시설에 대해 묻기	재미있다 + **배우다** + 어렵다 이 기숙사 | 어떤 시설? 음식 | 만들다 + 먹다?	음식을 만들다× + 간단한 건 1층 식당에 있는 전자레인지 | 사용하면 되다 학교 안 | 식당 | 많다 + 불편하지 않다
4. 세탁실과 체력 단련실에 대한 정보 얻기	세탁실은 어디?	시하 1층 | 있다 그 옆 | 체력 단련실 | 있다 + 시설이 좋다 + 가 보다
5. 인사하기	내일 가 보다 고맙다	뭘요 궁금한 게 있다 + 언제든지 물어보다

대화

75

리사	안녕하세요? 오늘부터 같이 방을 쓰게 된 리사예요.
은경	반가워요. 전 김은경이에요. 4학년이고 정치학을 전공하고 있어요. 리사 씨는 어느 나라에서 왔어요?
리사	미국 사람이에요. 이번 학기부터 여기에서 한국어를 공부하게 됐어요.
은경	그래요? 한국어를 잘하시네요. 한국어는 재미있어요?
리사	네. 재미있지만 배울수록 어려워요. 그런데 이 기숙사에는 어떤 시설이 있어요? 음식은 만들어서 먹을 수 있어요?
은경	음식을 만들 수는 없지만 간단한 건 1층 식당에 있는 전자레인지를 사용하면 돼요. 그리고 학교 안에 식당들이 많아서 불편하지 않을 거예요.
리사	그렇군요. 그리고 세탁실은 어디에 있어요?
은경	지하 1층에 있어요. 그리고 그 옆에는 체력 단련실이 있는데 시설이 좋으니까 한번 가 보세요.
리사	네. 내일 가 볼게요. 고마워요.
은경	뭘요. 또 궁금한 게 있으면 언제든지 물어보세요.

표현

■ 기숙사 시설에 대해 묻기

기숙사 시설은 어때요?
기숙사는 시설이 좋아요?
기숙사에는 어떤 시설이 있어요?
방은 1인 1실이에요?
방은 몇 인실이에요?
몇 명이 한 방을 써요?

확장

여러분은 기숙사에 새로 들어왔습니다. 새 기숙사의 시설에 대해 같은 방 친구에게 물어보세요.

조리 시설	3층에 조리실이 있다, 음식을 만들 수 있다
인터넷 사용	모든 방에서 사용할 수 있다, 1층 휴게실에서도 사용할 수 있다

· 정치학 **political science** · 전공하다 **to major in** · 간단하다 **to be simple** · 전자레인지 **microwave**
· 궁금하다 **to be curious**

Part 3

읽고 써 봅시다

인터넷 게시판의 동네 소개 글 읽고 쓰기

01 여러분은 어디로 이사할지 정할 때 무엇을 가장 중요하게 생각합니까? 다음 아파트 중 어디가 마음에 듭니까? 왜 그렇습니까?

02 다음은 자신의 동네를 소개하는 인터넷 동호회에 실린 글입니다. 다음을 읽고 물음에 답하세요. 76

Q 여의도로 이사 가려고 하는데 그곳은 살기 편한가요? 서울사람 10. 20

A 여의도, 정말 좋아요. 이사 오세요. 까만 별 10. 21

안녕하세요?

저는 여의도에 산 지 10년이 된 까만 별이라고 합니다. 저는 대학교 때 여의도로 이사 와서 결혼한 후에도 직장 때문에 이곳에서 계속 살게 됐습니다. 처음 이사 왔을 때는 큰 슈퍼마켓이나 백화점이 아무 데도 없어서 불편했습니다. 그런데 요즘은 할인 마트도 생기고 근처에 백화점도 있어서 살면 살수록 생활하기가 편합니다.

또 저희 동네는 아파트보다 사무실이 많습니다. 그런데 주말에는 쉬는 회사들이 많아서 복잡하지 않습니다. 그리고 교통도 편해서 강남이나 강북으로 갈 때 지하철, 버스로 쉽게 이동할 수 있습니다.

또한 여의도공원과 한강시민공원이 있어서 사계절을 즐길 수 있습니다. 봄에는 불꽃놀이, 벚꽃놀이, 여름에는 시원한 분수, 가을에는 공원의 멋진 단풍, 겨울에는 한강에 내리는 눈을 볼 수 있습니다. 여의도에 대해 더 궁금한 게 있으시면 글을 올려 주세요.

ㄴ, 꼭 이사를 가야겠군요. 마음을 정하지 못했는데 감사합니다. 까만 별님. 서울사람 10. 22

· 별 star
· 계속 continually
· 강남 south of the river
· 강북 north of the river
· 이동하다 to move
· 또한 besides
· 한강시민공원 Hangang Park
· 즐기다 to enjoy
· 분수 fountain
· 내리다 to fall down
· 글을 올리다 to post a writing

(1) 까만 별이 사는 동네의 장점은 무엇입니까? 모두 고르세요.

① 주변이 깨끗하다. ② 교통이 편리하다. ③ 사람들이 친절하다.
④ 물건을 사기 편하다. ⑤ 주말에 복잡하지 않다.

(2) 맞는 것에 ✓표 하세요.

① 까만 별은 결혼 후부터 지금 동네에서 살기 시작했다. 네 ______ 아니요 ______

② 까만 별의 동네에는 계절마다 축제를 한다. 네 ______ 아니요 ______

③ 질문한 사람은 까만 별의 글을 읽고 그곳으로 이사를 갈 거다. 네 ______ 아니요 ______

(3) 다음 그림을 보고 까만 별이 사는 동네의 장점을 이야기해 보세요.

03 여러분의 동네를 소개하는 글을 써 보세요.

(1) 여러분의 동네는 어떤 점에서 살기 편합니까? 여러분 동네의 장점을 간단하게 메모해 보세요.

Ⅰ. 내가 사는 동네 이름: ______

Ⅱ. 장점

1. ______
2. ______
3. ______
4. ______

(2) 위의 메모를 바탕으로 자신의 동네를 소개하는 글을 써 보세요.

낭독

[보기]를 참고하여 'ㅎ'을 읽는 데 주의하면서 글을 낭독하세요. 77

보기 결혼한 [결혼한], [겨로난], 불편했습니다 [불편핻씀니다], [불펴낻씀니다]

결혼한 후에도 직장 때문에 여의도에서 계속 살게 됐습니다. 여의도로 처음 이사 왔을 때는 큰 슈퍼마켓이나 백화점이 없어서 불편했습니다. 그런데 요즘은 할인 마트도 생기고 근처에 백화점도 있어서 살면 살수록 생활하기 편합니다. 교통도 편해서 강남이나 강북으로 갈 때 지하철, 버스로 쉽게 이동할 수 있습니다. 그리고 봄에는 불꽃놀이, 벚꽃놀이, 여름에는 시원한 분수, 가을에는 공원의 멋진 단풍, 겨울에는 한강에 내리는 눈을 볼 수 있습니다. 여의도에 대해 더 궁금한 게 있으시면 글을 올려 주세요.

문화 알아보기

전세와 월세

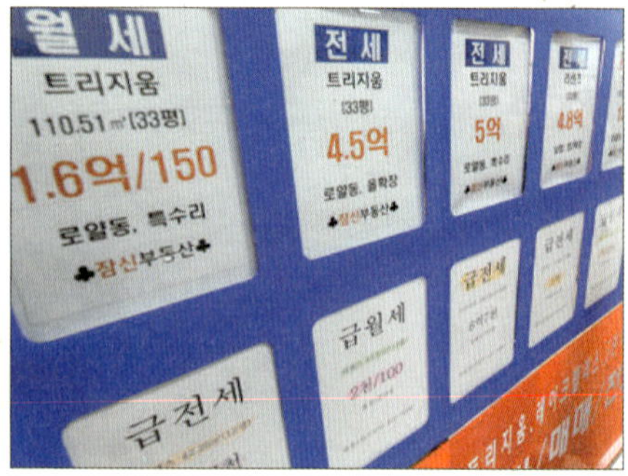

한국은 집값이 비싸서 자신의 집을 장만하기까지 시간이 많이 걸립니다. 그래서 사람들은 돈을 벌기 시작하면 계획을 세워 저축해 자신의 집을 장만합니다.

집을 마련하기 전까지는 보통 다른 사람의 집을 빌려서 삽니다. 집을 빌리는 방법은 두 가지가 있습니다. 하나는 전세이고 다른 하나는 월세입니다. 전세는 집을 빌리는 계약을 할 때 한꺼번에 많은 돈을 주고 1~2년 동안 사는 것을 말합니다. 전세 계약 기간이 끝나 이사를 가게 되면 그 돈은 다시 돌려받을 수 있습니다. 그 돈은 집의 위치, 크기에 따라 다르지만 보통 몇 천 만 원에서 몇 억 원까지 됩니다. 또 다른 하나는 월세입니다. 월세는 보증금을 내고 집세를 한 달에 한 번씩 내는 것을 말합니다. 이때도 이사갈 때 보증금을 주인에게 돌려받을 수 있습니다. 그러나 매달 내는 집세는 돌려받을 수 없습니다.

It takes a long while to own a house in Korea because of the high housing prices. That is why people plan savings once they start making money to buy their own house.

People usually live in a rented home before they buy their own. There are two ways to rent a house. One is a deposit-based lease and the other is a monthly rent. For a deposit-based lease, you pay a large amount of money in advance while making the contract and rent the house for one to two years. The money is returned to you when you move to a different place once the contract is over. The money could vary between tens of million won to hundreds of million won, depending on the location and size of the house. Another way is to rent a house monthly. For a monthly rent, you pay the deposit and pay the rent every month. Once again, the deposit is returned to you by the owner when you move. However, the monthly rent cannot be returned.

01 한국에서 집을 빌리는 방법에는 무엇이 있습니까? 전세와 월세는 어떤 차이가 있습니까?

02 여러분 나라에서는 어떤 방법으로 집을 빌립니까? 한국과 차이점은 무엇입니까? 서로 이야기해 보세요.

문학 맛보기

Song 그 집 앞

01 사랑하는 사람과의 추억이 많이 남아 있는 장소는 어디입니까? 왜 그곳이 기억에 남습니까? 서로 이야기해 보세요.

02 다음은 노래 「그 집 앞」입니다. 이 곡은 어떤 마음을 노래하고 있는 것인지 생각하면서 들어 보세요. 78

그 집 앞

이은상(1903~1982)

오가며 그 집 앞을 지나노라면
그리워 나도 몰래 발이 머물고
오히려 눈에 띌까 다시 걸어도
되오면 그 자리에 서졌습니다.

『특선한국가곡1』, 서울음반, 미상

03 여러분이 나중에 한국 생활을 추억할 때 기억에 남는 장소는 어디일까요? 생각해 보세요.

머물다 to stay · 오히려 rather · 눈에 띄다 to catch the eye · 되오다 to return to · 서지다 to stop against will

제14과

예약과 주문

Reservation and Order

제 14 과 예약과 주문 Reservation and Order

Part 1

준비합시다 — 1 -(으)ㄹ까 하다 2 -(으)ㄴ/는/(으)ㄹ 모양이다

들어 봅시다 — 비행기 표 예약하는 대화 듣기
Listening to a conversation on reserving a plane ticket

말해 봅시다 — 전화로 식당 예약 확인하기
Confirming a restaurant reservation by phone

Part 2

준비합시다 — 1 -(으)ㄹ 줄 알다 2 -(으)ㄴ/는 대신(에) 3 -던

들어 봅시다 — 한복을 주문하는 대화 듣기
Listening to a conversation of ordering a hanbok

말해 봅시다 — 전화로 도서 주문하기
Ordering a book by phone

Part 3

읽고 써 봅시다 — 예매에 얽힌 일화 읽고 쓰기
Reading and writing a story on ticket reservations

CULTURE & LITERATURE

문화 알아보기 — 예약과 할인 Reservation and discount

문학 맛보기 — 노래 Song 「고향의 봄」

Part 1

준비합시다

01 -(으)ㄹ까 하다

여러분은 주말에 어떤 계획이 있습니까? 구체적이지 않은 막연한 계획을 말할 때 어떻게 말하면 좋을까요?

A 이번 주말에 뭘 할 거예요? 계획 있어요?

B 글쎄요. 친구들과 영화나 볼까 해요.

문법

V + (으)ㄹ까 하다

-(으)ㄹ까 하다 is used when you have the mind or thought to carry out an action although it has not yet been decided.

consonant + 을까 하다 예 읽을까 하다, 찾을까 하다
vowel, ㄹ + ㄹ까 하다 예 갈까 하다, 만들까 하다

연습

다음 사람들은 방학에 어떤 계획이 있는지 '-(으)ㄹ까 하다'를 사용해서 말해 보세요.

	이름	방학 계획	이유
보기	마이클	유럽 여행을 하다	유럽에 한 번도 안 가 봤다
①	소피	운전면허를 따다	서울에서 운전을 하고 싶다
②	장소이	도자기를 만들다	친구에게 선물하려고 하다
③	티엔	한국 시집을 읽다	시에 관심이 생겼다
④	미셸	아르바이트를 하다	좋은 하숙집으로 이사하고 싶다
⑤	왕카이	악기 동아리에 가입하다	요즘 기타를 배우고 있다

A 마이클 씨, 이번 방학에 뭘 할 거예요?

B 유럽 여행을 할까 해요. 유럽에 한 번도 안 가 봤거든요.

· 시집 collection of poems
· 도자기 ceramic ware

02 -(으)ㄴ/는/(으)ㄹ 모양이다

다른 사람이 한 일을 추측하여 말할 때 어떻게 말할까요?

A 왜 여기 물이 있지요?

B 우리가 이야기하는 동안 아이가 물을 쏟은 모양이에요.

문법

A/V + (으)ㄴ/는/(으)ㄹ 모양이다

-(으)ㄴ/는/(으)ㄹ 모양이다 is used to predict or guess the current status based on another fact or situation.

A consonant + 은 모양이다 예 작은 모양이다, 많은 모양이다
vowel, ㄹ + ㄴ 모양이다 예 싼 모양이다, 먼 모양이다

V consonant + 은/는/을 모양이다 예 먹은/먹는/먹을 모양이다
vowel, ㄹ + ㄴ/는/ㄹ 모양이다 예 간/가는/갈 모양이다, 만든/만드는/만들 모양이다

N N + 인 모양이다 예 친구인 모양이다, 학생인 모양이다

연습

다음 그림을 보고 '-(으)ㄴ/는/(으)ㄹ 모양이다'를 사용해서 말해 보세요.

남자가 영수증을 보고 깜짝 놀라고 있어요. 아마 음식 값이 비싼 모양이에요.

· 쏟다 to spill
· 깜짝 놀라다 to be startled all of a sudden

어휘

비행기에서

81

인천발 뉴욕행

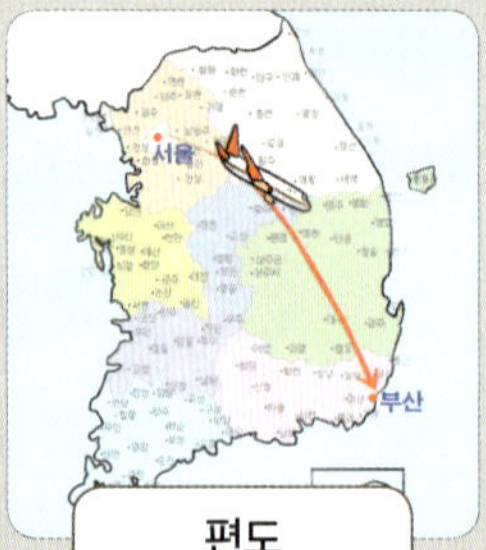

편도

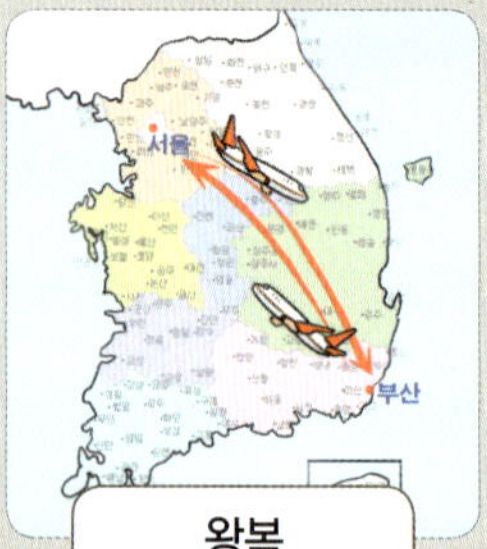

왕복

일반석에 앉다

1등석에 앉다

기내식을 먹다

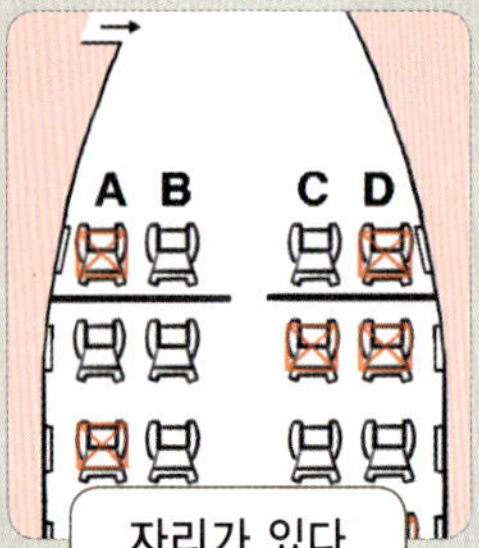

자리가 있다

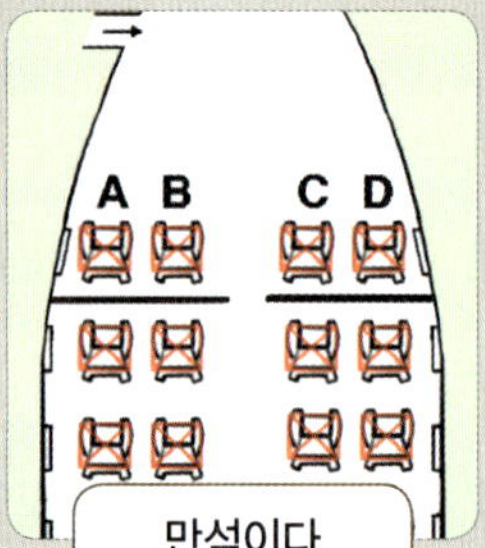

만석이다

대기자 명단에 올리다

Part 1

들어 봅시다

비행기 표 예약하는 대화 듣기

01 미셸 씨는 지금 어디에 전화를 하고 있습니까? 왜 그곳에 전화를 했을까요? 서로 이야기해 보세요.

02 다음은 미셸 씨와 항공사 직원의 대화입니다. 잘 듣고 물음에 답하세요. 82

(1) 미셸 씨가 처음에 원했던 날짜로 비행기 표를 예약하지 못한 이유는 무엇입니까?

① 그날 비행기 표가 비싸서

② 출발하는 비행기가 없어서

③ 그날 좌석이 모두 예약돼서

(2) 미셸 씨가 예약한 출발 날짜와 도착 날짜는 어떻게 됩니까?

① 9월 4일, 9월 23일

② 9월 6일, 9월 25일

③ 9월 10일, 9월 24일

(3) 맞는 것에 ✔표 하세요.

① 9월 4일보다 6일 비행기 표가 더 싸다. 네 ____ 아니요 ____

② 좌석이 생기면 대기자에게 전화와 문자를 보낸다. 네 ____ 아니요 ____

③ 미셸 씨는 돌아오는 비행기 표를 대기자 명단에만 이름을 올렸다. 네 ____ 아니요 ____

- 좌석 seat
- 대기자 명단 person on the waiting list

Part 1

말해 봅시다

전화로 식당 예약 확인하기

식당에 전화를 해서 예약을 확인하려고 합니다. 예약된 내용을 확인하고 다른 궁금한 내용도 물어보세요.

Try it!

말풍선을 따라 대화를 구성해 보세요.

	직원 예약을 확인하려고 전화한 손님에게 예약 상황을 알려주세요.	나타샤 전화로 식당의 예약을 확인하고 다른 궁금한 것도 물어보세요.
1. 용건 말하기	이화 호텔 뷔페	다음 주 수요일 오후 6시 | 식사 예약을 했다 + 확인하다 + 전화했다
2. 예약자 이름 확인하기	어느 분 성함 | 예약하셨다?	나타샤
3. 예약자 이름 찾기	죄송 예약자 명단 | 성함이 없다	이화 사진 동아리 | 찾아보다? 아마 제 친구가 다른 이름 | **예약하다**
4. 예약 인원과 생일 케이크 준비 묻기	예약자 명단 | 있다 모두 5명 맞다?	○ 그날 생일인 친구 | 있다 + 케이크 | 준비해 주실 수 있다?
5. 생일 케이크 준비 부탁하기	미리 말씀하시다 + 케이크 | 서비스 | 준비해 드리다	부탁드리다
6. 예약 최종 확인하고 궁금한 것 묻기	예약 | 확인해 드리겠다 9일 수요일, 오후 6시 | 5명 예약하셨다	감사 차 | **가지고 가다** + 주차 | 몇 시간?
7. 인사하기	3시간 무료 주차되다 계산하다 | 주차권 | 보여 주시다 + 도장 | 찍어 드리다	감사

대화

직원 이화 호텔 뷔페입니다.

나타샤 다음 주 수요일 오후 6시에 식사 예약을 했는데 확인하려고 전화했습니다.

직원 어느 분 성함으로 예약을 하셨어요?

나타샤 나타샤입니다.

직원 (잠시 후) 손님, 죄송합니다. 예약자 명단에 성함이 없는데요.

나타샤 그럼 이화 사진 동아리로 찾아봐 주시겠어요? 아마 제 친구가 다른 이름으로 예약한 모양입니다.

직원 네. 예약자 명단에 있습니다. 모두 5명 맞으시죠?

나타샤 네. 그런데 그날 생일인 친구가 있는데 케이크를 준비해 주실 수 있으세요?

직원 미리 말씀하시면 케이크를 서비스로 준비해 드립니다.

나타샤 그럼 부탁드릴게요.

직원 알겠습니다. 그럼 다시 예약을 확인해 드리겠습니다. 9일 수요일, 오후 6시에 5명 예약하셨습니다.

나타샤 감사합니다. 그런데 차를 가지고 갈까 하는데 주차는 몇 시간 됩니까?

직원 3시간 무료 주차됩니다. 계산할 때 주차권을 보여 주시면 도장을 찍어 드립니다.

나타샤 알겠습니다. 감사합니다.

83

표현

■ 예약자 이름 묻고 답하기

A: 누구 이름으로 예약을 했어요?
예약자 성함이 어떻게 되십니까?
어느 분 성함으로 예약을 하셨어요?

B: 나타샤입니다.
티엔으로 예약했습니다.
이화 사진 동아리로 찾아봐 주시겠어요?

확장

식당에 예약 확인을 하려고 합니다. 예약된 내용이 맞는지 확인하고 궁금한 것도 물어보세요.

	확인 내용
예약 시간	토요일 점심으로 예약했다
예약자 이름	최지숙
예약 인원	2명
궁금한 것	창가 자리에 앉다, 쿠폰을 가져가면 10% 할인되다

· 뷔페 buffet · 성함 name · 명단 list of names

Part 2

준비합시다

01 –(으)ㄹ 줄 알다

84

여러분은 인터넷으로 비행기 표를 어떻게 예약하는지 압니까? 방법을 알거나 모름을 말할 때 어떻게 말하면 좋을까요?

A 미셸 씨, 인터넷으로 비행기 표를 예약할 줄 알아요?

B 네, 알아요. 가르쳐 드릴게요.

문법

V + (으)ㄹ 줄 알다, 모르다

–(으)ㄹ 줄 알다 is for when you know and –(으)ㄹ 줄 모르다 for when you do not know the ability or method to do a certain thing.

운전하 + ㄹ 줄 알다, 모르다 → 운전할 줄 알다, 모르다
찍 + 을 줄 알다, 모르다 → 찍을 줄 알다, 모르다

연습

여러분은 다음 일을 하는 방법을 압니까? '–(으)ㄹ 줄 알다', '–(으)ㄹ 줄 모르다'를 사용해서 말해 보세요.

	방법	마이클	티엔
보기	전화로 기차표를 예매하다	알다	모르다
①	국제 전화를 걸다	모르다	알다
②	홈페이지를 만들다	알다	모르다
③	현금 인출기를 사용하다	알다	알다
④	인터넷으로 물건을 사다	모르다	모르다
⑤	수동 카메라로 사진을 찍다	모르다	알다

A 마이클 씨, 전화로 기차표를 예매할 줄 알아요?

B 네, 알아요. 티엔 씨는요?

A 저는 전화로 예매할 줄 몰라요.

· 국제 전화 international phone call
· 수동 카메라 manual camera

02 -(으)ㄴ/는 대신(에)

85

여러분은 오늘 아침에 일이 있어서 일찍 출근하고 오후에 일찍 퇴근하려고 합니다. 이때 어떻게 말하면 좋을까요?

A 마이클 씨, 벌써 퇴근해요?

B 네. 오늘 아침에 일이 있어서 일찍 왔어요. 일찍 출근한 대신에 일찍 퇴근하는 거예요.

문법

A/V + (으)ㄴ/는 대신(에)

-(으)ㄴ/는 대신(에) is used when replacing the mentioned action with another action, or making up for it with another corresponding action.

A	consonant + 은 대신(에)	예 작은 대신(에), 많은 대신(에)
	vowel, ㄹ + ㄴ 대신(에)	예 싼 대신(에), 먼 대신(에)
V	consonant + 은/는 대신(에)	예 먹은/먹는 대신(에)
	vowel, ㄹ + ㄴ/는 대신(에)	예 간/가는 대신(에), 만든/만드는 대신(에)

연습

다음 질문에 어떻게 대답할까요? '-(으)ㄴ/는 대신(에)'를 사용해서 말해 보세요.

	질문	대답
보기	유학을 가지 않기로 했어요?	유학을 포기하다 → 여기에서 대학원에 진학하기로 했다
①	벌써 여행을 예약했어요?	미리 예약했다 → 할인을 받았다
②	그 집은 교통이 편리해요?	교통이 편리하다 → 월세가 비싸다
③	1년 동안 장학금을 받기로 했어요?	장학금을 받다 → 성적을 잘 받아야 하다
④	아버지 생신에 선물을 안 보냈어요?	선물을 하지 않았다 → 어머니와 여행을 보내 드릴 거다
⑤	친구들에게 일본어를 가르쳐 줘요?	일본어를 알려주다 → 친구들한테서 한국어를 배우다

- 포기하다 to give up
- 진학하다 to enter a school of higher grade

A 유학을 가지 않기로 했어요?

B 네. 유학을 포기하는 대신에 여기에서 대학원에 진학하기로 했어요.

03 –던

86

여러분이 자주 간 적이 있는 식당을 말할 때 어떻게 말하면 좋을까요?

A 어떤 식당으로 예약할까요?

B 우리가 늘 가던 데로 예약해요.

문법

A/V + 던

–던 is used when reflecting on a past event or action to show that the action repeated itself until a certain point in the past.

예쁘 + 던 → 예쁘던　　많 + 던 → 많던　　가 + 던 → 가던　　먹 + 던 → 먹던

연습

여러분은 고향에서 무엇을 하며 어떻게 지냈습니까? '–던'을 사용해서 말해 보세요.

	질문	대답
보기	친구들과 어떤 식당에 자주 갔습니까?	학교 근처 이탈리아 식당
①	어떤 동네에 살았습니까?	작은 시골 마을
②	무슨 운동을 주로 했습니까?	한국 사람도 좋아하는 축구
③	무슨 음악을 자주 들었습니까?	비틀즈의 'Yesterday'
④	아프면 어느 병원에 자주 갔습니까?	집에서 가까운 병원
⑤	가족들과 무슨 음식을 자주 만들어 먹었습니까?	토마토와 계란이 들어 있는 샌드위치

- 시골 countryside
- 비틀즈 Beatles
- 토마토 tomato

A 고향에 있을 때 친구들과 어떤 식당에 자주 갔습니까?

B 친구들과 자주 가던 식당은 학교 근처 이탈리아 식당입니다. 값도 싸고 맛있었어요.

들어 봅시다

한복을 주문하는 대화 듣기

01 여러분은 한복을 입은 적이 있습니까? 또는 한복을 입고 싶은 적이 있었습니까? 언제 입니까? 서로 이야기해 보세요.

02 다음은 한복 가게에서 점원과 장소이 씨의 대화입니다. 잘 듣고 물음에 답하세요. 87

(1) 장소이 씨는 왜 한복을 사려고 합니까?

____.

(2) 다음 중 장소이 씨가 갈아입고 나온 한복은 무엇입니까?

① 
② 
③ 

(3) 맞는 것에 ✔표 하세요.

① 장소이 씨가 고른 것은 최근에 인기를 끌기 시작한 화려한 디자인의 한복이다.
네 ______ 아니요 ______

② 장소이 씨는 한복을 입어 본 적이 있어서 입는 방법을 알고 있다.
네 ______ 아니요 ______

③ 주인은 값도 깎아 주고 머리에 쓰는 것도 서비스로 주었다. 네 ______ 아니요 ______

· 갈아입다 **to change clothes**
· 최근 **recent**
· 인기를 끌다 **to be popular**

Part 2

말해 봅시다

전화로 도서 주문하기

서점에 전화해서 책을 주문하려고 합니다. 사려고 하는 책이 있는지 묻고 주문해 보세요.

Try it!

말풍선을 따라 대화를 구성해 보세요.

	점원 전화로 책을 주문하는 손님에게 책의 재고 상황을 말하고 필요한 정보도 알려 주세요.	티엔 전화로 책을 주문하고 배달을 부탁하세요. 그리고 품절된 책의 주문 방법도 알아보세요.
1. 용건 말하기	이화문고 뭘 돕다?	책 | 주문하다 '한국 요리 여행' | '박인서의 영화 산책' | 책, 있다?
2. 주문 도서의 재고 상황 듣고 택배 부탁하기	잠시만요 '영화 산책' | 있다 + '한국 요리 여행' | 품절됐다	'영화 산책' | 택배 | 보내 주다 주소 | 서대문구 대현동 이대 기숙사 105호
3. 빠른 배달 부탁하기	○ 오늘 보내다 + 모레 | 받으시다	모레? 내일 필요하다 + 택배로 **부치다** | 빠른 걸로 보내 주다? 비용 | 더 내다
4. 품절된 도서가 들어오는 시기 묻기	○ 책값 15,000원 | 2,000원 | 더 내시다 + 17,000원 저희 계좌 | 보내 주다	'한국 요리 여행' | 언제?
5. 주문 방법 묻기	다음 주 월요일 이번 금요일 | 인터넷 | 주문 예약을 받다	인터넷 | **주문하다** | **모르다** 전화 | 해도 되다?
6. 주문 도서에 대한 추가 정보 얻기	금요일 오전 | 전화 주다 그 책 | 작년 | 잘 **팔리다** | 것이다 + 서두르시는 게 좋다	○ 그때 전화하다

대화

88

점원 이화문고입니다. 뭘 도와 드릴까요?

티엔 책을 주문하고 싶은데요. '한국 요리 여행'이라는 책하고 '박인서의 영화 산책'이라는 책, 있어요?

점원 잠시만요. (잠시 후) '영화 산책'은 있는데 '한국 요리 여행'은 품절됐습니다.

티엔 그래요? 그럼 '영화 산책'만 택배로 보내 주세요. 주소는 서대문구 대현동 이대 기숙사 105호예요.

점원 알겠습니다. 오늘 보내면 모레쯤 받으실 수 있습니다.

티엔 모레요? 내일 필요한데 모레 도착하는 택배로 부치는 대신에 빠른 걸로 보내 주시겠어요? 비용은 제가 더 낼게요.

점원 알겠습니다. 그럼 책값 15,000원에 2,000원을 더 내시면 17,000원입니다. 저희 계좌로 보내 주세요.

티엔 네. 그리고 '한국 요리 여행'은 언제 다시 들어와요?

점원 다음 주 월요일요. 이번 금요일부터 인터넷으로 주문 예약을 받습니다.

티엔 인터넷으로 주문할 줄 모르는데요. 전화로 해도 될까요?

점원 그럼 금요일 오전에 전화 주세요. 그 책은 작년부터 잘 팔리던 거라서 서두르시는 게 좋을 겁니다.

티엔 알겠습니다. 그때 전화하겠습니다.

표현

■ 팔 물건이 없음을 말하기

품절됐습니다. **남은 게 없습니다.**
재고가 하나도 없습니다. **전부 다 팔렸습니다.**

확장

홈쇼핑 방송을 보고 마음에 드는 옷을 두 개 주문하려고 합니다. 그 옷이 있는지 묻고 주문해 보세요.

	코트	스웨터
재고 상황	지금 재고가 조금 있다	지난달부터 할인 판매해서 품절됐다
주문 방법과 배달 도착일	급하면 퀵 서비스로 오늘 배달해 줄 수 있다	다음 목요일부터 전화나 인터넷으로 주문 예약을 받다
특징	올해 겨울에 새로 나왔다	작년에는 비싸게 팔았다

· 품절되다 **to be sold out** · 서두르다 **to hurry**

Part 3

읽고 써 봅시다

예매에 얽힌 일화 읽고 쓰기

01 여러분은 보통 어떤 경우에 예매나 예약을 합니까?

02 다음은 예매에 얽힌 일화를 소개한 글입니다. 다음을 읽고 물음에 답하세요. 89

창피한 실수

[A] 영화나 음악회를 보러 갈 때 나는 항상 예매를 한다. 예매를 하면 원하는 시간에 볼 수 있기 때문이다. 그런데 가끔 착각을 해서 예매를 잘못 할 때가 있다.

[B] 우리가 영화관 앞에 도착했을 때 표를 사려는 사람들이 매표소 앞에 많았다. 여자 친구는 그 사람들을 보고 "영화가 재미있는 모양이에요."라고 말하면서 좋아했다. 나도 기분이 좋았다. 우리는 사람들 사이를 뚫고 영화관 입구에 있는 매표소로 갔다.

[C] 그리고 매표소 직원에게 예약 번호를 보여 주었다. 그런데 직원이 나에게 "손님이 예약하신 영화는 11시에 시작하는 겁니다. 상영 시간이 지나서 들어갈 수 없습니다." 라고 말했다. 나는 깜짝 놀라서 "네? 뭐라고요?"라고 말하고 다시 확인해 보았다. 정말 11시 영화였다. 어제 11시 영화를 예매했는데 2시로 착각한 것이었다. 여자 친구는 나에게 "어떻게 그걸 모를 수 있어요? 그리고 30분이나 걸어왔는데 이게 뭐예요?"라고 말했다. 나는 여자 친구에게 할 말이 없었다. 너무 창피한 날이었다.

[D] 그리고 약속한 날 식당에서 여자 친구를 만났다. 우리는 점심을 먹으면서 학교 다니던 이야기, 유학 오기 전에 한국어를 공부하던 이야기를 했다. 점심 식사 후 우리는 영화관까지 버스를 타는 대신에 이야기하면서 걸어갔다.

[E] 몇 달 전 나는 한국 여자 친구를 소개받았다. 어느 날 나는 여자 친구와 영화를 보기로 했다. 그래서 나는 영화 표를 미리 예매하려고 했다. 그런데 인터넷으로만 예매해야 해서 컴퓨터를 잘할 줄 아는 친구에게 물어서 예약 번호를 받았다. 11시 영화를 예매할까 하다가 점심을 먹고 영화를 보는 게 좋을 것 같아서 오후 2시 영화를 예매했다.

- 착각을 하다 to get confused
- 매표소 ticket booth
- 뚫다 to break through
- 입구 entrance
- 상영 시간 running time

(1) 글의 순서를 맞춰 보세요.

([A]) → (   ) → (   ) → (   ) → (   )

(2) 다음 중 글의 내용에 맞는 것은 무엇입니까? 모두 고르세요.

① 나는 이 여자 친구를 1년 동안 만났다.
② 우리는 영화관까지 버스를 타지 않고 걸어갔다.
③ 영화관 앞은 표를 사려는 사람들로 붐볐다.
④ 영화관 직원이 우리를 도와주어서 2시 영화를 볼 수 있었다.
⑤ 나는 11시 표를 예매하고 나서 2시 표로 착각했다.

(3) 다음 그림을 보고 여자가 화가 난 이유를 이야기해 보세요.

03 여러분이 실수한 이야기를 써 보세요.

(1) 여러분은 어떤 일을 하는 방법을 모르거나 착각해서 실수한 적이 있습니까? 여러분의 경험을 간단하게 메모해 보세요.

Ⅰ. 들어가는 말: ______

Ⅱ. 실수한 경험 소개

1. 상황 설명: ______
2. 실수한 사건에 대한 설명: ______

Ⅲ. 맺는 말: ______

(2) 위의 메모를 바탕으로 자신의 실수에 대한 이야기를 써 보세요.

낭독

[보기]를 참고하여 억양에 주의하면서 글을 낭독하세요. 90

보기 손님이 예약하신 영화는 11시에 시작하는 겁니다.

직원이 나에게 "손님이 예약하신 영화는 11시에 시작하는 겁니다. 상영 시간이 지나서 들어갈 수 없습니다."라고 말했다. 나는 깜짝 놀라서 "네? 뭐라고요?"라고 말하고 다시 확인해 보았다. 정말 11시 영화였다. 어제 11시 영화를 예매했는데 2시로 착각한 것이었다. 여자 친구는 나에게 "어떻게 그걸 모를 수 있어요? 그리고 30분이나 걸어왔는데 이게 뭐예요?"라고 말했다.

문화 알아보기

예약과 할인

물건이나 비행기표, 기차표 등을 살 때 예약 할인 제도를 이용하면 저렴하게 살 수 있습니다. 예약 할인 제도는 미리 예약을 하면 물건값을 할인받는 제도를 말합니다. 비행기 표는 출발일로부터 3개월 전에 표를 사면 정상 가격보다 10~40%까지 저렴하게 구입할 수 있습니다. 고속철도(KTX)도 출발일보다 1개월 전에 예매하면 10~20% 싸게 탈 수 있습니다. 호텔 예약이나 여행 상품 예약도 마찬가지입니다. 유명한 관광지의 리조트는 약 3개월 전에 예약하면 할인을 해 주고 여행사의 여행 상품을 예약할 때도 1~2개월 전에 예약하면 최고 10%까지 할인을 받을 수 있습니다. 그밖에 설날이나 추석에 선물 세트를 백화점이나 인터넷 쇼핑몰에 1개월 전에 미리 주문하면 정상 가격의 5~50%까지 싸게 살 수 있습니다. 이처럼 예약 제도를 이용하면 저렴한 가격으로 최고의 효과를 볼 수 있습니다.

You can buy goods, plane tickets, train tickets, etc. for a cheaper price through the reservation discount system, which offers a discount on the product price for reservations made in advance. You can buy a plane ticket 10–40% cheaper than the normal price when buying it 3 months prior to your flight. The rapid-transit railway (KTX) may be taken for 10–20% cheaper if you reserve the ticket 1 month prior to the departure. Resorts at famous tourist sites offer discounts for reservations made 3 months in advance and travel agencies offer up to 10% discounts when booking a package tour 1–2 months in advance. Furthermore, gift packages for New Year's Day or Chuseok may be bought 5–50% cheaper at department stores or online shopping malls when ordered one month in advance. As such, you can receive the best offers for cheaper prices if you take advantage of the reservation discount system.

01 예약 할인 제도는 무엇입니까? 이 제도를 이용할 수 있는 경우를 구체적으로 이야기해 보세요.

02 여러분 나라에도 미리 예약을 하면 할인해 주는 경우가 있습니까? 어떤 경우입니까? 없다면 어떤 경우에 하면 좋을까요?

문학 맛보기

Song 고향의 봄

01 여러분의 고향은 어떤 곳입니까? 도시입니까? 시골입니까? 언제 그곳이 그립습니까?

02 다음은 노래 「고향의 봄」입니다. 이 노래에서 고향에 대한 느낌은 어떤지 생각하면서 노래를 배워 보세요. 91

고향의 봄

이원수(1911~1981)

나의 살던 고향은 꽃 피는 산골
복숭아꽃 살구꽃 아기 진달래
울긋불긋 꽃 대궐 차리인 동네
그 속에서 놀던 때가 그립습니다.

「어린이」, 개벽사, 1926

03 여러분은 '고향' 하면 무엇이 가장 먼저 떠오릅니까? 왜 그것이 먼저 떠오릅니까? 여러분이 느끼는 고향에 대해 이야기해 보세요.

산골 **deep in the mountains** 복숭아 **peach** 살구 **apricot** 진달래 **azalea** 울긋불긋 **colorful** 대궐 **royal palace**
차리이다(차리다) **to set forth**

제15과

안부와 소식

Giving Regards and News

제 15 과 안부와 소식 Giving Regards and News

Part 1	준비합시다	**1** –았/었었- **2** –았/었던 **3** 반말
	들어 봅시다	모임 알리는 음성 메시지 듣기 Listening to a voice message announcing a get-together
	말해 봅시다	옛 친구와 추억 말하기 Talking about a memory with an old friend
Part 2	준비합시다	**1** –아/어지다 **2** 낮춤말
	들어 봅시다	작별 인사하는 대화 듣기 Listening to a conversation exchanging farewells
	말해 봅시다	오랜만에 만난 선배에게 안부 묻기 Saying hello to a senior student you have not seen in a long time
Part 3	읽고 써 봅시다	감사의 편지 읽고 쓰기 Reading and writing a thank you letter

CULTURE & LITERATURE

문화 알아보기	우체국 마크의 의미 Significance of the post office mark
문학 맛보기	전래동화 Folk tale 「흥부와 놀부」

Part 1

준비합시다

01 –았/었었–

여러분은 옛날과 비교해서 어떻게 달라졌습니까? 달라진 점을 말할 때 어떻게 말할까요?

5년 전(러시아)

지금(한국)

나타샤 씨는 5년 전에는 러시아에서 살았었는데 지금은 한국에서 삽니다.

문법

A/V + 았/었었

–았/었었– shows that a situation occurred in the past but is no longer taking place since then and that another situation is occurring.

어간 'ㅏ', 'ㅗ' + 았었 예 많았었다, 갔었다
그 밖의 어간 + 었었 예 적었었다, 먹었었다
이다: consonant + 이었었다 예 학생이었었다
vowel + 였었다 예 친구였었다

연습

다음은 5년 전과 현재의 생활을 비교한 내용입니다. '–았/었었–'을 사용해서 말해 보세요.

	이름	5년 전	현재
보기	마이클	담배를 피우지 않았다	담배를 많이 피우다
①	장소이	한국어를 전혀 못했다	한국어를 할 줄 알다
②	이치로	대학교에 다녔다	회사원이다
③	왕카이	키가 작았다	키가 크다
④	한준영	출장이 거의 없었다	해외 출장을 자주 다니다
⑤	티엔	성격이 내성적이었다	성격이 활발하다

A 마이클 씨는 담배를 많이 피워요?
B 네. 마이클 씨는 5년 전에는 담배를 피우지 않았었는데 지금은 담배를 많이 피워요.

내성적이다
to be introverted

02 –았/었던

93

과거에 경험한 어떤 일에 대하여 회상하면서 말할 때 어떻게 말할까요?

A 이치로 씨, 여기는 어디예요?

B 작년 생일에 친구들하고 같이 갔던 스키장이에요.

문법

V + 았/었던

–았/었던 shows that an action taken from a past time up till a certain point has been completed or interrupted.

어간 'ㅏ', 'ㅗ' + 았던 예 갔던, 받았던　　그 밖의 어간 + 었던 예 먹었던, 만들었던, 썼던

연습

과거에 경험한 일에 대해서 말하려고 합니다. '–았/었던'을 사용해서 말해 보세요.

	과거의 일	최근 상황
보기	1년 전에 읽었다 / 책	요즘 다시 읽기 시작했다
①	어젯밤에 꾸었다 / 꿈	무서워서 잊을 수 없다
②	신혼여행 때 묵었다 / 호텔	5년 후에 다시 가기로 했다
③	초등학교 때 좋아했다 / 친구	어제 길에서 보았다
④	언니가 결혼할 때 입었다 / 웨딩드레스	내가 다시 입기로 했다
⑤	작년에 비행기 안에서 만났다 / 아주머니	집 근처에서 우연히 만났다

1년 전에 읽었던 책을 요즘 다시 읽기 시작했습니다.

· 스키장 skiing ground

03 반말

94

여러분은 윗사람에게 말할 때 높임말을 사용하지요? 그러면 친한 친구와 이야기할 때는 어떻게 말할까요?

A 작년에 같이 공부했던 크리스 기억나?

B 응, 기억나.

A 오늘 크리스하고 만나기로 했어. 시간되면 같이 가자.

문법

반말

반말 is used to a close friend or someone your junior. The declarative forms 갑니다 and 가요 become 가; the interrogative forms 갑니까? and 가요? become 가?; the suggestive form 갑시다 becomes 가자; and the imperative form 가십시오 becomes 가. When calling someone's name, 민호 씨 and 수진 씨 become 민호야 and 수진아, and the answers 네 or 아니요 become 응 or 아니.

	평서형(갑니다, 가요)	의문형(갑니까?, 가요?)	청유형(갑시다)	명령형(가십시오)
가다	가	가?	가자	가
먹다	먹어	먹어?	먹자	먹어

연습

다음에서 알맞은 단어를 골라 반말로 대화를 완성하세요.

피우다 · 만들다 · 선물하다 · 좋아하다 · 먹지 말다

보기 A: 선배, 여기에서 담배를 피워도 돼요?
B: 안 돼. 밖에 나가서 피워.

① A: 언니, 삼계탕은 뭐로 만들어요?
B: 삼계탕은 닭고기로 ________________.

② A: 너는 어떤 케이크를 ________________?
B: 난 케이크를 안 좋아해.

③ A: 선배, 이 샌드위치 먹어도 돼요?
B: 안 돼. 오래됐으니까 ________________.

④ A: 오빠, 엄마 생신에 무엇을 선물할까?
B: 꽃바구니를 ________________.

· 삼계탕 ginseng chicken soup
· 꽃바구니 flower basket

들어 봅시다

모임 알리는 음성 메시지 듣기

01 다음 사람들은 무엇에 대해 이야기하고 있을까요? 서로 이야기해 보세요.

02 다음은 모임을 알리는 음성 메시지입니다. 잘 듣고 물음에 답하세요. 95

(1) 친구들이 만나는 이유로 맞지 않는 것은 무엇입니까?

① 친구의 결혼을 축하하기 위해서

② 오랜만에 친구가 한국에 놀러 와서

③ 고향에 돌아가는 친구의 송별회를 하기 위해서

(2) 친구들과 만나서 할 일은 무엇입니까? 모두 고르세요.

① 저녁 식사하기　② 결혼식장에 가기　③ 기숙사 구경하기

④ 학교 캠퍼스 구경하기　⑤ 선생님께 인사 드리러 가기

(3) 율리아 씨가 샐리 씨에게 보낸 문자 메시지는 무엇입니까?

①

②

③

- 음성 메시지 voice message
- 결혼식장 wedding hall
- 문자 메시지 text message
- 참석하다 to attend

Part 1

말해 봅시다

옛 친구와 추억 말하기

같이 한국어를 공부했던 친구를 오랜만에 만났습니다. 그때 어떤 일이 있었습니까? 친구와 함께했던 학창시절의 추억을 이야기해 보세요.

Try it! 말풍선을 따라 대화를 구성해 보세요.

	율리아 오랜만에 만난 친구에게 인사를 하고 옛 추억에 대해서 이야기해 보세요.	샐리 한국어를 배울 때 있었던 일과 선생님에 대해서 이야기해 보세요.
1. 인사하기	**오랜만** 그동안 잘 **지냈다?**	**O**, 잘 **지냈다** 정말 **반갑다**
2. 마지막으로 본 날 말하기	우리 | 마지막으로 보다 | **언제?**	아마 작년 **수료식이었다**
3. 문화 수업에 대한 추억 말하기	**맞다** 그날 친구들과 헤어지다 | **섭섭했다** 우리 반 친구들 모두 **친했다**	**맞다** 문화 수업 | 장구 공연 | 보러 갔다 | **생각나다?** 공연 | 끝나다 + 무대 위 | 올라가다 + 장구 | **배웠다?**
4. 문화 수업에 대한 다른 추억 말하기	**O. 생각나다** 너 | 민속촌 | 가다 + 길 | **잃어버렸다** 너 | 찾다 | 방송 | **했다** 그때 선생님 | 걱정 많이 **하셨다**	**O. 맞다** 나 | 정말 **당황했다**
5. 선생님에 대한 추억 말하기	그때 민속촌 | 같이 **갔다** | 선생님 | **조수미 선생님?**	**O.** 정말 재미있다 | **선생님이셨다** 수업 시간 | 목소리 | **크셨다**
6. 그리움 말하기	그때 기억 | **생생하다**	그때 | **그립다**

대화

율리아 샐리야, 오랜만이야. 그동안 잘 지냈어?
샐리 응, 잘 지냈어. 정말 반가워.
율리아 우리가 마지막으로 본 게 언제였지?
샐리 아마 작년 수료식이었을 거야.
율리아 맞아. 그날 친구들과 헤어질 때 섭섭했었어. 우리 반 친구들 모두 친했잖아.
샐리 그래 맞아. 문화 수업에서 장구 공연을 보러 갔을 때 생각나? 공연이 끝나고 우리 모두 무대 위에 올라가서 장구도 배웠지?
율리아 응, 생각나. 그리고 넌 민속촌에 가서 길도 잃어버렸었잖아. 그래서 널 찾는 방송도 했었고. 그때 선생님께서도 걱정 많이 하셨었어.
샐리 응, 맞아. 나도 정말 당황했었어.
율리아 그때 민속촌에 같이 갔던 선생님이 조수미 선생님이셨지?
샐리 응. 정말 재미있는 선생님이셨어. 수업 시간에 목소리도 크셨고.
율리아 아! 정말 그때 기억이 생생하네.
샐리 그래. 그때가 그리워.

표현

■ 그리움 말하기

그때가 그리워요.
그때 기억이 생생하네.
그땐 정말 좋았었어요.
그때로 돌아가고 싶어요.
그 기억은 잊을 수 없어요.
그 일은 아직도 기억에 남아요.

확장

여러분은 지금부터 5년 후에 동창회에서 2급에서 같이 공부했던 친구를 만났습니다. 같이 공부했을 때 기억에 남았던 일과 그때 친구들에 대해서 서로 이야기해 보세요.

한국어 수업		앞에 나와서 말하기를 발표했다 말하기 시험을 볼 때 긴장했다
문화 수업		불고기와 김치를 만들었다
우리 반 친구들	하이안	지각을 많이 했다
	장소이	쉬는 시간마다 김밥을 먹었다
	이치로	코미디언처럼 재미있는 말을 많이 했다

· 추억 recollection · 수료식 course completion ceremony · 섭섭하다 to feel sad · 장구 Korean hourglass-shaped drum
· 무대 stage · 민속촌 Folk Village · 당황하다 to be confused · 기억 memory · 생생하다 to be vivid

Part 2

준비합시다

01 –아/어지다

97

11월보다 12월이 더 춥지요? 날씨가 점점 변하는 상황을 말할 때 어떻게 말할까요?

A 이치로 씨, 요즘 너무 춥지 않아요?

B 네. 그런데 12월이 되면 더 추워질 거예요.

문법

A + 아/어지다

–아/어지다 is used to show that something is slowly becoming a certain condition.

어간 'ㅏ', 'ㅗ' + 아지다 예 작아지다, 좋아지다　　그 밖의 어간 + 어지다 예 적어지다, 예뻐지다

연습

다음은 10년 전의 도시와 현재의 도시를 비교한 그림입니다. '–아/어지다'를 사용해서 달라진 것을 말해 보세요.

높다 · 많다 · 나쁘다 · 넓다 · 적다

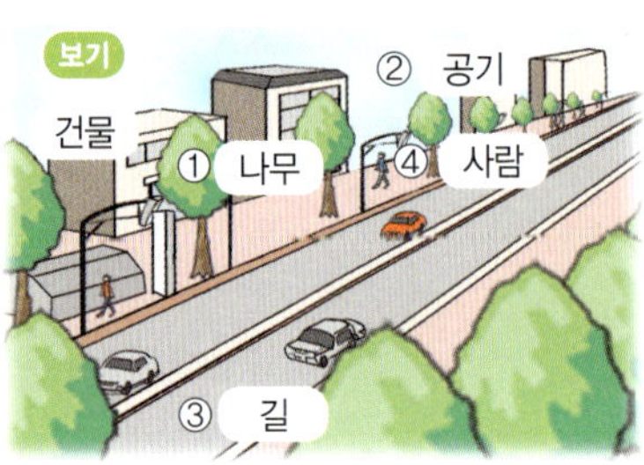

10년 전

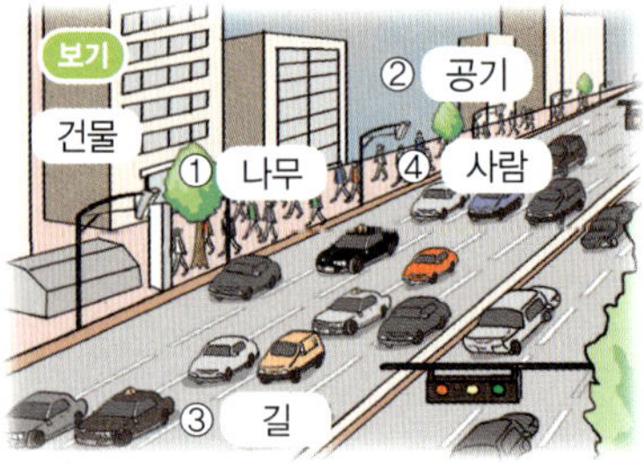

현재

이 건물은 10년 전에 비해서 높아졌습니다.

02 낮춤말

98

여러분은 친한 친구와 이야기할 때 반말을 사용하지요? 친구가 아닌 아랫사람에게 말할 때는 어떻게 말할까요?

A 토요일인데 어디 가니?

B 친구들과 산에 가려고요. 다녀오겠습니다.

A 그래, 조심히 다녀와라.

문법

낮춤말

낮춤말 is used to one's junior (subordinate). The declarative forms 갑니다 and 가요 become 가 and 간다; the interrogative forms 갑니까? and 가요? become 가니?; the suggestive form 갑시다 becomes 가자; and the imperative form 가십시오 becomes 가라.

	평서형(갑니다, 가요)	의문형(갑니까?, 가요?)	청유형(갑시다)	명령형(가십시오)
가다	가	가니?	가자	가라
먹다	먹어	먹니?	먹자	먹어라

연습

다음은 나타샤 씨가 아이에게 남긴 메모입니다. 낮춤말을 사용해서 메모를 완성하세요.

오다 · 보다 · 먹다 · 연습하다 · 돌아오다 · 놀러 가다

민호야,
엄마는 할인 마트에 장 보러 갔다가 보기 올 거야.
식탁 위에 있는 간식을 ① ____________.
텔레비전을 너무 오래 ② ____________.
알겠지?
오늘도 승민이 집에 ③ ____________?
밖에 나갈 거면 6시까지 ④ ____________.
저녁에 엄마하고 같이 피아노를 ⑤ ____________.
엄마가

간식 snack

어휘

소식

소식을 기다리다

소식이 오다

소식이 끊기다

안부

안부를 묻다

안부가 궁금하다

안부를 전하다

인사 방법

악수를 하다

손을 흔들다

포옹하다

Part 2

들어 봅시다

작별 인사하는 대화 듣기

01 두 사람은 무엇에 대해서 이야기하고 있습니까? 서로 이야기해 보세요.

02 다음은 장소이 씨와 식당 할머니의 대화입니다. 잘 듣고 물음에 답하세요. 100

(1) 장소이 씨는 왜 식당에 갔습니까?

① 작별 인사를 하기 위해서　　② 저녁 식사를 하기 위해서

③ 식당 할머니와 같이 중국에 가기 위해서

(2) 장소이 씨와 식당 할머니가 같이 한 일이 아닌 것은 무엇입니까?

① 함께 차를 마셨다.　　② 가끔 사진을 찍었다.

③ 같이 이야기를 많이 했다.

(3) 맞는 것에 ✓표 하세요.

① 장소이 씨는 부모님께 인사를 드리러 중국에 다녀올 것이다. 네 ____ 아니요 ____

② 식당 할머니는 장소이 씨를 만난 지 얼마 안 되었다. 네 ____ 아니요 ____

③ 식당 할머니는 장소이 씨를 손녀처럼 예뻐했다. 네 ____ 아니요 ____

- 작별 **farewell**
- 손녀 **granddaughter**

Part 2

말해 봅시다

오랜만에 만난 선배에게 안부 묻기

한국대학교에 다니고 있는 동아리 선배를 우연히 길에서 만났습니다. 다른 선배들의 안부와 연락처를 묻고 한국대학교에 입학하기 위해서 준비해야 할 일도 물으세요.

Try it!

말풍선을 따라 대화를 구성해 보세요.

	티엔 동아리 선배들의 안부와 연락처를 물어보고 대학 입학을 위해서 무엇을 공부해야 하는지 조언을 구하세요.	가오리 친구들의 소식과 연락처를 후배에게 알려주고 대학 입학을 위해서 준비해야 할 것을 조언해 주세요.
1. 인사하기	오랜만	**잘 지내다?** 학교생활 | **익숙하다?**
2. 선배 안부 묻기	○ 대학교 입학 준비 때문에 바쁘다 선배?	잘 **지냈다** 이번 방학 | 일본 | 잠깐 다녀오려고 **하다** 리에 | **결혼하다**
3. 다른 선배 안부 묻기	리에 선배 | 결혼 | 하다! 다른 동아리 선배들 | 어떻게 지내다?	줄리아 | 미국 | 돌아가다 + 대학 | 졸업하다 + 한국 | 다시 오다 + 대학원 | **다니다** 안나 | 한국 여행사 | **취직했다** 모두 정신없이 바쁘게 **지내다**
4. 다른 선배 연락처 묻기	선배들 | 연락 | 끊기다 + 소식 | 궁금했다 이메일 주소 | 전화번호 알다?	○ 줄리아 | 010-2323-3562이다 + 안나 | 010-3987-1267**이다** 대학교 입학 준비 | **잘되다?**
5. 자신의 요즘 걱정 말하기	그것 때문에 스트레스 받다 뭐 | 가장 중요하다?	가장 중요한 것 | 한국어 실력이다 + 지금부터 열심히 **공부하다** 대학교 | 수업 | 듣다 + 숙제하다 + 한국어 | 못하면 안 **되다**
6. 격려하기	정말 쉽지 않다! 조언해 주다 + 고맙다 리에 선배 | 안부 전해 주다	**알겠다** 행운을 **빌다** 또 **연락하다**

대화

101

티엔 선배, 오랜만이에요.

가오리 오랜만이야. 잘 지내고 있었니? 학교생활은 익숙해졌어?

티엔 네. 그런데 대학교 입학 준비 때문에 바빠요. 선배는요?

가오리 나도 잘 지냈어. 이번 방학에는 오랜만에 일본에 잠깐 다녀오려고. 리에가 결혼하거든.

티엔 그래요? 리에 선배가 결혼을 하는군요. 동아리 다른 선배들은 어떻게 지내요?

가오리 줄리아는 미국에 돌아가서 대학교를 졸업하고 한국에 다시 와서 대학원에 다니고 있어. 안나는 한국 여행사에 취직했어. 모두 정신없이 바쁘게 지내고 있어.

티엔 선배들과 연락이 끊겨서 소식이 궁금했어요. 혹시 이메일 주소나 전화번호 아세요?

가오리 응, 알아. 줄리아는 010-2323-3562이고, 안나는 010-3987-1267이야. 그런데 대학교 입학 준비는 잘되고 있니?

티엔 그것 때문에 스트레스 받아요. 뭐가 가장 중요해요?

가오리 가장 중요한 건 한국어 실력이니까 지금부터 열심히 공부해라. 대학교에서 수업을 듣고 숙제하려면 한국어를 못하면 안 돼.

티엔 정말 쉽지 않군요. 조언해 주셔서 고마워요. 리에 선배에게 안부 전해 주세요.

가오리 알겠어. 행운을 빈다. 또 연락하자.

표현

■ 상대방에게 감사 표현하기

선배 말이 힘이 되었어요.
선배 덕분에 걱정이 줄었어요.
선배 조언이 많은 도움 되었습니다.

■ 격려하기

힘내세요.
행운을 빌게요.
다 잘될 거예요.
용기를 잃지 마세요.

확장

여러분은 길을 가다가 오랜만에 선배를 만났습니다. 선배의 안부를 묻고 연락이 끊긴 다른 선배의 안부와 연락처를 물어보세요.

선배 이름	안부	연락처
준코	일본에 있는 한국 회사에 취직했다	junko@ewha.ac.kr, 010-8899-4321
조나단	한국에서 대학교를 졸업하고 미국으로 돌아갔다	1-530-204-7889

· 대학원 **graduate school** · 정신없다 **to be distracted** · 행운을 빌다 **to wish good luck**

Part 3

읽고 써 봅시다

감사의 편지 읽고 쓰기

01 여러분은 한국에 살면서 기억에 남는 사람과 일이 있습니까?

02 다음은 장소이 씨가 하숙집 아주머니께 쓴 편지입니다. 다음을 읽고 물음에 답하세요. 102

하숙집 아주머니께

아주머니 안녕하세요? 저는 지난 12월까지 102호에 살았던 장소이예요. 잘 지내고 계시지요? 아주머니 안부도 궁금하고 부탁드릴 것도 있어서 편지를 써요.

저는 중국에 돌아와서 제가 들어가고 싶었던 회사에 취직을 했어요. 제가 다니는 회사는 무역회사인데 한국과 무역을 하기 때문에 한국어를 많이 사용해요. 이곳 생활은 아주 바쁘고 정신이 없어요.

그렇지만 가끔 한국 생활이 그리워질 때가 있어요. 아주머니께서 외롭지 않게 잘해 주셨고 친구들도 친절해서 유학 생활이 즐거웠었어요. 특히 제가 몸살 나서 많이 아팠을 때 아주머니께서 같이 병원에도 가 주셨던 것이 기억나요. 그리고 아주머니께서 해 주셨던 요리는 정말 맛있었어요. 생일날 끓여 주셨던 미역국, 설날에 먹었던 떡국, 날씨가 더웠을 때 해 주셨던 물냉면은 지금도 생각이 나요. 아주머니 덕분에 일 년 동안 외롭지 않게 지냈어요. 정말 감사합니다.

그런데 아주머니, 죄송하지만 부탁이 하나 있어요. 혹시 제 앞으로 온 우편물이 있나요? 이번에 제 친구가 중국으로 오는데 하숙집에 제 우편물이 있으면 가지고 와 주기로 했어요. 그 친구가 하숙집에 가면 좀 전해 주시겠어요? 그럼 부탁드릴게요.

아주머니, 건강하시고 베이징으로 놀러 오실 때 저에게 꼭 연락하세요. 제가 안내해 드릴게요. 안녕히 계세요.

1월 30일, 장소이 드림

(1) 장소이 씨가 편지를 쓴 이유가 아닌 것은 무엇입니까?

① 아주머니의 안부가 궁금해서　　② 우편물 전달을 부탁하기 위해서

③ 아주머니께 한국 음식을 부탁하기 위해서

(2) 맞는 것에 ✔표 하세요.

① 장소이 씨는 한국에 있는 무역회사에 입사하였다.　네 ____ 아니요 ____

② 장소이 씨는 한국 생활을 그리워하고 있다.　네 ____ 아니요 ____

③ 하숙집 아주머니는 베이징으로 관광올 계획이다.　네 ____ 아니요 ____

- 외롭다 to be lonely
- 미역국 seaweed soup
- 우편물 mail
- 베이징 Beijing

(3) 장소이 씨는 하숙집 아주머니께 어떤 도움을 받았습니까? 그림을 보고 이야기해 보세요.

03 감사한 마음을 전하고 싶은 친구에게 편지를 써 보세요.

(1) 여러분은 친하게 지내던 친구에게 여러분의 소식과 안부를 전하려고 합니다. 특별히 친구에게 고마웠던 일을 중심으로 메모해 보세요.

________에게

Ⅰ. 인사: ________

Ⅱ. 용건: ________

Ⅲ. 자기 소식: ________

Ⅳ. 감사 내용

1. ________

2. ________

Ⅴ. 맺는 말: ________

○ 월 ○ 일, ________

(2) 위 메모를 바탕으로 친한 친구에게 반말로 편지를 써 보세요.

낭독

[보기]를 참고하여 '유음화(lateralization)'에 주의하면서 글을 낭독하세요. 103

보기 몸살 나서 [몸살라서], 생일날 [생일랄]

제가 몸살 나서 많이 아팠을 때 아주머니께서 같이 병원에도 가 주셨던 것이 기억나요. 아주머니께서 해 주셨던 요리는 정말 맛있었어요. 생일날 끓여 주셨던 미역국, 설날에 먹었던 떡국, 날씨가 더웠을 때 해 주셨던 물냉면은 지금도 생각이 나요. 아주머니 덕분에 일 년 동안 외롭지 않게 지냈어요. 정말 감사합니다.

아주머니, 건강하시고 베이징으로 놀러 오실 때 저에게 꼭 연락하세요.

문화 알아보기

우체국 마크의 의미

우리는 소식을 전할 때 전화, 인터넷의 이메일, 편지 등을 사용합니다. 이 중에서 옛날이나 지금이나 사람들이 애용하고 있는 것은 편지입니다. 이런 편지를 배달해 주는 일을 하는 곳이 우체국입니다.

여러분은 우체국 마크를 본 적이 있습니까? 그것이 무엇을 상징하고 있는지 알고 있습니까? 현재 우체국 마크는 제비를 모델로 해서 만들었습니다. 제비는 옛날부터 좋은 소식을 가져다 주는 새이며 빠르게 날기 때문에 신속하게 소식을 알려 주는 의미도 있습니다. 이것은 우편물을 받는 사람들에게 빠르게 배달하겠다는 우체국의 이미지를 부각시킨 것입니다. 우체국 마크 안에는 세 마리의 제비가 있는데 각각 신속, 정확, 친절의 뜻을 가지고 있습니다. 여러분 나라의 우체국 마크는 어떤 의미를 가지고 있습니까?

When delivering news, we use the phone, email, letters, etc. Of them, the letter is the most popular both in the past and present. The post office is in charge of delivering these letters.

Have you ever seen the post office mark? Do you know what it stands for? The current post office mark was taken from the symbol of a swallow. The swallow is a bird that has been said to bring good news and is also meant to deliver news expediently. The post office in today's modern society emphasizes this image of fast mail delivery. There are three swallows inside the post office mark which stand for speediness, precision, and kindness.

What meaning does the post office mark of your country hold?

01 우체국 마크에 있는 새는 무엇입니까? 왜 그것을 우체국 마크로 선정했습니까?

02 여러분 나라의 우체국은 마크가 있습니까? 어떤 모양입니까? 서로 이야기해 보세요.

문학 맛보기

Folk tale **흥부와 놀부**

01 여러분은 다음 그림의 박 속에 어떤 선물이 들어 있으면 좋겠습니까? 서로 이야기해 보세요.

02 다음은 전래동화 「흥부와 놀부」입니다. 제비는 왜 흥부에게 박씨를 물어다 주었는지 생각하면서 읽어 보세요. 104

흥부와 놀부

옛날에 흥부와 놀부라는 형제가 살고 있었습니다. 동생 흥부는 마음씨가 착했고, 형 놀부는 욕심이 많은 사람이었습니다. 욕심이 많고 못된 놀부는 부모님이 주신 유산도 혼자서 모두 가지고 동생 흥부 가족들을 내쫓았습니다. 놀부 집에서 쫓겨난 흥부는 어렵고 가난하게 살았습니다. 그러던 어느 날 흥부 집에 다리를 다친 제비 한 마리가 왔습니다. 흥부는 제비를 정성껏 보살펴 주었습니다. 다음 해 제비는 박씨를 하나 물어 왔습니다. 박이 익은 후 흥부 가족들은 박을 잘라 보았는데 박 안에서 많은 보물이 나왔습니다. 제비 덕분에 흥부는 부자가 되었습니다. 흥부의 소식을 들은 놀부는 부자가 되고 싶어서 일부러 다치지 않은 제비의 다리를 부러뜨렸습니다. 그 제비도 역시 다음 해 봄에 박씨를 하나 물어 왔습니다. 그러나 그 박 속에서는 보석이 아니라 도깨비들이 나와서 놀부의 재산을 모두 빼앗아 갔습니다. 재산을 모두 빼앗긴 놀부는 부자가 된 흥부에게 찾아갔습니다. 마음씨 착한 흥부는 형 놀부를 용서해 주었습니다. 그 후 놀부는 착한 사람이 되어 흥부와 같이 사이좋게 살았습니다.

03 여러분 주위에 착한 일을 해서 복을 받은 사람이 있습니까? 어떤 일을 해서 복을 받았는지 서로 이야기해 보세요.

마음씨 **disposition** 욕심이 많다 **to be greedy** 못되다 **to be bad** 유산 **inheritance** 내쫓다 **to drive out**
제비 **swallow** 정성껏 **sincerely** 박씨 **gourd seed** 보물 **treasure** 부러뜨리다 **to break** 도깨비 **goblin**
재산 **fortune** 빼앗기다 **to be robbed of**

APPENDIX

| 부록 |

- 듣기 지문 및 정답
  Listening Script and Answers
- 찾아보기
  Index

듣기 지문 및 정답 Listening Script and Answers

8과

Part 1 들어 봅시다

장소이 정민 씨, 졸업을 축하해요.
이정민 고마워요. 참, 지난번에 제가 장소이 씨에게 소개해 주기로 한 철수 씨가 오늘 졸업식에 왔어요. 저기 나무 옆에 있는 사람이에요.
장소이 저기 양복을 입고 넥타이를 맨 사람이에요?
이정민 아니요. 그 사람은 제 선배예요. 그 선배 옆에 있는 사람이 보여요? 면바지에 셔츠를 입고 안경을 쓴 사람이 철수 씨예요. 멋있게 생겼지요?
장소이 네? 정민 씨는 저 사람이 멋있어요? 저는 아닌 것 같아요.
이정민 그래요? 그럼 장소이 씨는 여기 온 사람 중에서 누가 마음에 들어요?
장소이 글쎄요. 저는 의자 뒤에 있는 사람이 괜찮은 것 같아요.
이정민 누구요? 꽃다발을 들고 있는 남자요?
장소이 네. 모델처럼 키도 크고 옷도 멋있게 입었어요. 그리고 이야기도 재미있게 하는 것 같아요.
이정민 아, 민호 씨요? 민호 씨는 벌써 여자 친구가 있어요.

2. (1) ② (2) ② (3) ②

Part 2 들어 봅시다

강아지를 찾습니다. 작은 갈색 치와와입니다. 눈은 크고 까맣습니다. 꼬리가 짧고 다리가 긴 강아지입니다. 목에는 빨간 방울을 하고 있습니다. 머리에는 분홍색 리본을 하고 있습니다. 이 강아지를 보시거나 데리고 있는 분은 정문에 있는 안내 데스크로 연락 주십시오.

다섯 살 된 남자 어린이의 부모님을 찾습니다. 이름은 박민수입니다. 이 어린이는 하얀 얼굴에 짧은 머리를 하고 있습니다. 그리고 하얀 티셔츠와 파란 바지를 입고 하늘색 운동화를 신고 있습니다. 노란색 가방을 메고 있습니다. 이 어린이의 부모님은 방송을 듣는 즉시 방송실로 와 주십시오.

화장실 근처에서 잃어버린 가방을 찾습니다. 주머니마다 지퍼장식이 있는 까만색 가방입니다. 가방 안에는 빨간색 수첩과 하얀색 손수건, 책 한 권이 있습니다. 수첩 안에는 학생증이 있습니다. 이 가방을 보시거나 가지고 있는 분은 정문에 있는 안내 데스크나 방송실로 연락 주십시오.

2. (1) ② (2) ③ (3) ① 네 ② 아니요 ③ 아니요

Part 3 읽고 써 봅시다

2. (1) (C) ⇨ (B) ⇨ (D) (2) ① 아니요 ② 네 ③ 네
(3) 외모: 키가 크지 않고 얼굴도 잘생기지 않았습니다.
옷차림: 어울리지 않는 노란색 셔츠를 입고 있습니다.
성격: 성격이 활발하고 좋습니다. 아주 친절합니다.

9과

Part 1 들어 봅시다

장소이 준영 씨, 주말 잘 보냈어요?
한준영 네. 조카 돌잔치에 다녀왔어요.
장소이 돌잔치요? 돌잔치가 뭐예요?
한준영 아기의 첫 번째 생일을 돌이라고 해요. 돌잔치는 가족하고 친구들을 초대해서 음식도 먹으면서 아기의 돌을 축하해 주는 거예요. 돌잔치에서는 돌잡이를 하는데. (……) 장소이 씨, 돌잡이를 알아요?
장소이 아니요, 몰라요. 돌잡이가 뭐예요?
한준영 그건 보통 실이나 돈, 쌀, 연필을 놓고 그 중에서 아기가 잡은 것을 보고 아기의 장래를 추측하는 거예요.
장소이 재미있네요. 돌잡이 물건에는 무슨 뜻이 있어요?
한준영 실을 잡으면 건강하게 오래 살고 돈이나 쌀을 잡으면 부자가 되고 연필을 잡으면 공부를 잘할 거라고 생각해요. 그런데 요즘은 컴퓨터 마우스나 청진기도 놓아요. 우리는 청진기까지 5개나 놓았는데 우리 조카는 돈을 잡았어요.
장소이 재미있었겠네요. 저는 돌잔치에 가 본 적이 없는데 기회가 되면 저도 가 보고 싶어요.
한준영 네. 꼭 한번 가 보세요.

2. (1) ③ (2) ① (3) ① 아니요 ② 네 ③ 아니요

Part 2 들어 봅시다

박영민 마이클 씨, 다음 주가 설날인데 무슨 계획 있어요?
마이클 아니요, 아직 없어요. 영민 씨는요?
박영민 저는 부모님 댁에 갈 거예요.
마이클 좋겠군요. 그런데 한국 사람들은 설날에 보통 뭐 해요?
박영민 설날에는 가족들이 모두 모여요. 아침에 차례를 지내고 나서 떡국을 먹어요. 그리고 부모님께 세배도 해요.
마이클 세배요? 그게 뭐예요?
박영민 새해 인사로 할아버지와 할머니, 부모님에게 절을 하는 거예요. 그리고 절을 하면서 "새해 복 많이 받으세요."라고 말해요.
마이클 그렇군요.
박영민 마이클 씨, 설날에 다른 계획이 없으면 우리 집에 놀러 올래요?
마이클 정말 그래도 돼요?
박영민 그럼요. 제가 마이클 씨 이야기를 했을 때부터 우리 가족들도 마이클 씨를 보고 싶어 했어요. 맛있는 것도 먹으면서 같이 윷놀이도 해요.
마이클 초대해 줘서 고마워요. 꼭 갈게요.

2. (1) ③ (2) ① (3) ① 네 ② 네 ③ 아니요

Part 3 읽고 써 봅시다

2. (1) ② (2) ① 네 ② 네 ③ 아니요 (3) 2, 4, 3

장소이 씨는 이치로 씨와 한옥 마을에 갔습니다. 먼저 송편을 만드는 곳에 갔습니다. 거기에서 송편을 먹고 나서 한복을 입어 보는 곳으로 갔습니다. 한복을 입고 사진을 찍었습니다. 그 다음에 전통 놀이를 하는 곳에 갔습니다. 제기차기를 했습니다. 이치로 씨는 제기차기를 열 번이나 해서 사람들의 박수를 받았습니다.

10과

Part 1 들어 봅시다

장소이 이치로 씨, 비자를 연장해야 하는데 어디에서 해야 돼요?
이치로 출입국관리사무소에서 하면 돼요. 저도 지난주에 가서 연장하고 왔어요.
장소이 그래요? 그런데 연장할 때 뭐가 필요해요?
이치로 여권과 외국인 등록증, 재학 증명서가 필요해요. 재학 증명서는 학교에 신청하세요.
장소이 네, 고마워요. 그런데 비자 연장 신청서는 출입국관리사무소에서 써도 돼요?
이치로 그럼요. 그리고 신청서에는 사진과 수입 인지를 붙여야 돼요.
장소이 잠깐만요. 메모를 하는 게 좋겠어요. '신청서에 사진과 수입 인지를 붙일 것.' 그런데 수입 인지는 어디에서 사요?
이치로 그건 출입국관리사무소에서 팔아요. 언제 비자를 연장하러 갈 거예요?
장소이 학교에서 재학 증명서를 받는 대로 가려고요. 고마워요, 이치로 씨.
이치로 뭘요. 모르는 게 있으면 언제든지 물어보세요.

2. (1) ③ (2) ③, ④ (3) ① 네 ② 네 ③ 아니요

Part 2 들어 봅시다

장소이 저, 실례합니다. 도서관 홈페이지에서 한국 대중가요에 대한 책을 검색하려고 하는데 어떻게 해야 돼요?
직원 이쪽으로 오세요. 컴퓨터 화면을 보면서 도와 드릴게요. 여기 홈페이지를 열면 위쪽에 자료 검색이 있지요?
장소이 네, 있어요. 그 다음에 어떻게 해요?
직원 자료 검색에 있는 전체 자료를 클릭하세요. 그러면 화면에 서명과 저자를 쓰는 곳이 나와요. 서명에는 책 이름을 쓰고 저자에는 책을 쓴 사람의 이름을 쓰세요.
장소이 책 이름 대신에 한국 대중가요라고 쳐도 돼요?
직원 네. 그렇게 하면 대중가요에 대한 책들이 모두 나올 거예요. 거기에서 읽고 싶은 책을 찾으시면 돼요.
장소이 네, 알겠습니다. 그런데 이 도서관에는 복사실이 어디에 있어요?
직원 1층에 있어요. 복사하시려면 책을 찾고 내려오는 길에 하시면 됩니다.
장소이 감사합니다.
직원 뭘요. 검색하시다가 모르는 게 있으면 또 물어보세요.

2. (1) ② (2) ① (3) ① 아니요 ② 아니요 ③ 네

Part 3 읽고 써 봅시다

2. (1) ① 아니요 ② 네 (2) ① (3) 왕카이 씨는 기숙사의 규칙을 어기고 기숙사에서 친구들과 놀고 같이 하룻밤을 보냈습니다. 그래서 사무실로부터 다음의 메모를 받았습니다.

11과

Part 1 들어 봅시다

이치로 준영 씨, 한국 친구 집에 식사 초대를 받았는데 어른이 계시는 집에는 처음 가요. 그래서 몇 가지 물어보고 싶은 게 있어요.

한준영 그렇군요. 어떤 게 알고 싶어요?

이치로 식사할 때 특별히 지켜야 할 예절이 있어요?

한준영 어른보다 먼저 수저를 들고 식사하면 안 돼요. 어른이 식사를 시작하시면 그때 드세요. 그리고 국그릇이나 밥그릇은 들고 먹지 마세요. 식탁에 놓고 먹어야 돼요.

이치로 그렇군요. 옷은 어떤 걸 입고 가는 게 좋을까요? 정장을 입어야 돼요?

한준영 꼭 정장을 입을 필요는 없어요. 단정하고 깨끗하게 입고 가면 돼요. 그렇지만 맨발로 가거나 반바지 차림은 하지 마세요. 실례가 될 수 있어요.

이치로 어른들께 드릴 선물로는 어떤 게 좋을까요?

한준영 글쎄요. 보통 과일이나 음료수를 가지고 가요. 그렇지만 그 집 어른들이 좋아하시는 걸 먼저 알아보는 게 더 좋아요.

이치로 네, 알겠습니다. 도움 주셔서 고마워요.

한준영 별말씀을요. 친구 집에 가서 즐겁게 보내기를 바랄게요.

2. (1) ① 아니요 ② 네 (2) ② (3) ②

Part 2 들어 봅시다

은경 나타샤 씨, 어서 오세요. 어쩐 일이에요?

나타샤 안녕하세요, 은경 씨? 상의할 게 있어서 왔어요. 다음 주 금요일에 우리 집에서 집들이를 하는데요. 한국 음식을 잘 못해서요. 어떤 음식을 하면 좋을까요?

은경 보통 불고기나 잡채를 많이 해요. 그리고 호박전이나 쇠고기전도 많이 하고요.

나타샤 불고기는 해 본 적이 있으니까 불고기를 하면 될 것 같아요. 그런데 잡채는 안 만들어 봤어요.

은경 잡채도 만드는 방법이 어렵지 않아요. 요리책을 보면 쉽게 할 수 있어요. 제가 요리책을 빌려 드릴게요.

나타샤 고마워요. 그런데 후식은 뭐로 하면 좋을까요?

은경 과일이나 케이크, 아무거나 다 좋아요. 참! 나타샤 씨는 케이크를 잘 만들잖아요. 불고기에 잡채, 케이크까지 준비하면 진수성찬이 될 거예요.

나타샤 네, 알겠습니다. 덕분에 걱정이 줄었어요. 고마워요.

은경 아니에요. 집들이 잘하세요.

2. (1) ③ (2) 잡채, 불고기, 케이크 (3) ① 네 ② 네 ③ 아니요

Part 3 읽고 써 봅시다

2. (1) ③ (2) ① 아니요 ② 아니요 ③ 네
(3) ② 중국인 친구를 초대해서 동아리 모임에 갔습니다.

12과

Part 1 들어 봅시다

장소이 현미 씨, 이번 학기가 끝나자마자 제주도에 가려고 하는데 어떻게 가는 게 좋은지 잘 모르겠어요.

박현미 제주도까지 가는 방법은 여러 가지가 있는데 가장 쉬운 방법은 제주도까지 비행기를 타고 가는 거예요. 비행기로 가면 1시간밖에 걸리지 않아요.

장소이 그렇군요. 그런데 그건 비싸지 않아요? 조금 싸게 가는 방법은 없어요?

박현미 지하철로 인천까지 가서 인천에서 제주도까지 배를 타고 가는 게 가장 싸요. 그런데 시간이 너무 많이 걸려요.

장소이 그래요? 다른 좋은 방법은 없을까요?

박현미 광주로 해서 가는 것도 좋아요. 광주까지 고속버스로 가서 거기에서 비행기를 타면 돼요. 고속버스로 가면 교통비도 줄일 수 있고 멋진 풍경도 볼 수 있어요.

장소이 그 방법이 좋겠어요.

박현미 그런데 방학 때는 놀러 가는 사람들이 많으니까 미리 예약하세요.

장소이 그래요? 당장 교통편과 숙소를 예약하러 갈게요.

2. (1) ③ (2) ③ (3) ① 아니요 ② 아니요 ③ 아니요

Part 2 들어 봅시다

안녕하세요? 아침 교통 정보입니다.
지금 이 시각 안개 때문에 길이 많이 막힙니다. 특히 김포공항 방향 올림픽대로가 가장 많이 막힙니다. 올림픽대로로 해서 가시면 시간이 많이 걸릴 테니까 피하시는 것이 좋겠습니다. 또 서울에서 경부고속도로로 들어가는 곳에 고장 난 차가 있습니다. 그래서 많은 차들이 경부고속도로로 들어왔다가 다른 길로 돌아가고 있습니다. 경부고속도로에 있는 서초 인터체인지가 가장 많이 막히니까 서초 인터체인지로 가지 마시고 양재 인터체인지로 가시는 것이 좋겠습니다.
오늘 오후에는 서울 시청 앞에서 행사가 있습니다. 따라서 오후부터 시청 주변의 길을 막을 겁니다. 시청 쪽으로 가시는 분들은 참고하십시오.
안전 운전 하시기를 바랍니다. 지금까지 교통 방송 이진희였습니다

2. (1) ② (2) 서초 인터체인지 (3) ① 아니요 ② 네 ③ 아니요

Part 3 읽고 써 봅시다

2. (1) 한국과 방글라데시의 대중교통
   (2) ① (3) ① 아니요 ② 아니요 ③ 네
   (4) 지하철: ① 빠릅니다. ② 시간을 절약할 수 있습니다.
   릭샤: ① 비가 오는 날에도 탈 수 있습니다.
   ② 이용 요금이 쌉니다.
   ③ 좁은 골목길도 쉽게 다닐 수 있습니다.

13과

Part 1 들어 봅시다

중개인 어서 오십시오. 뭘 찾으십니까?
미셸 학교 근처의 오피스텔을 찾고 있는데요.
중개인 여기 앉으세요. 어느 정도 크기를 찾으십니까?
미셸 친구와 살 거니까 방 두 개 정도면 됩니다.
중개인 그래요? 좋은 게 하나 있습니다. 방 두 개에 부엌, 화장실이 있는 겁니다. 학교 근처인데 주변에 할인 마트도 있어서 생활하기 편하실 겁니다.
미셸 괜찮네요. 가격은 어떻게 됩니까?
중개인 전세로 하면 5,000이고, 월세로 하면 3,000에 50만 원입니다.
미셸 생각보다 비싸군요.
중개인 지하철역하고 가까워서 가격이 좀 높습니다.
미셸 그런데 이사는 언제 갈 수 있습니까?
중개인 내일도 가능합니다. 이전 사람이 지난주에 이사 가서 지금 아무도 살지 않거든요. 지금 가 보시겠습니까?
미셸 아니요. 친구와 의논해 봐야겠어요. 의논한 후에 다시 오겠습니다.

2. (1) ② (2) ③ (3) ① 아니요 ② 네 ③ 아니요

Part 2 들어 봅시다

얀 아주머니, 부탁드릴 게 있어서 왔는데요. 지금 시간 되세요?
아주머니 네. 무슨 일인데요? 여기 잠깐 앉아요.
얀 아주머니가 여러 가지로 신경 써 주셔서 이곳에 살수록 편하고 좋아요.
아주머니 별말을 다 하네요. 그런데 부탁할 일이 뭔데요?
얀 사실은 옆방에 사는 사람 때문에요. 그 사람은 밤에 텔레비전을 항상 크게 틀어요. 그래서 공부에도 방해가 되고 잠도 자주 깨게 돼요. 죄송하지만 방을 다른 곳으로 옮길 수 있어요?
아주머니 그건 곤란해요. 대신에 제가 그 학생에게 이야기해 볼게요. 그 사람은 거의 밤늦게 들어와서 주말이 아니면 만나기가 쉽지 않아요. 이번 토요일에 꼭 이야기할게요.
얀 네, 알겠습니다. 그럼 부탁드릴게요. 그리고 또 하나는 아침 식사에 대한 건데요. 전 아침에 밥 대신에 빵을 먹고 싶은데 빵도 준비해 주실 수 있어요?
아주머니 네, 그래요. 그건 어려운 일이 아니니까 그렇게 해 줄게요. 얀 씨, 또 불편한 게 있어요?
얀 아니요. 다른 건 괜찮아요.
아주머니 부탁할 일이 있으면 언제든지 이야기하세요.

2. (1) ① 옆방에 사는 사람이 밤에 텔레비전을 항상 크게 튼다.
   ② 아침에 밥 대신에 빵을 먹고 싶다.
   (2) ② (3) ① 아니요 ② 네 ③ 아니요

Part 3 읽고 써 봅시다

2. (1) ②, ④, ⑤

   (2) ① 아니요　② 아니요　③ 네

   (3) 이 동네는 교통이 편해서 강남이나 강북으로 갈 때 지하철, 버스로 쉽게 이동할 수 있습니다. 또한 여의도공원과 한강시민공원이 있어서 사계절을 즐길 수 있습니다. 봄에는 불꽃놀이, 벚꽃놀이, 여름에는 시원한 분수, 가을에는 공원의 멋진 단풍, 겨울에는 한강에 내리는 눈을 볼 수 있습니다.

14과

Part 1 들어 봅시다

직원　이화항공입니다. 뭘 도와 드릴까요?

미셸　9월 4일에 뉴욕으로 가는 항공편을 예약할까 하는데요.

직원　손님, 죄송합니다. 그날 뉴욕행 항공편은 모두 만석입니다. 9월 10일에 가셔도 되면 그때 표는 있습니다.

미셸　그래요?

직원　그리고 6일 이후에 하시면 요금도 좀 쌉니다. 10일로 해 드릴까요?

미셸　네. 그리고 9월 25일이나 26일에 돌아오는 것도 예약해 주세요.

직원　죄송하지만 둘 다 자리가 없습니다.

미셸　주말이라서 자리가 없는 모양이군요. 그러면 24일, 금요일은 자리가 있어요?

직원　네, 있습니다.

미셸　그럼 25일은 대기자 명단에 올려 주시고, 24일 것은 예약해 주세요.

직원　알겠습니다. 25일에 오는 항공편에 좌석이 생기면 전화와 문자로 연락이 갈 겁니다.

미셸　네, 알겠습니디.

직원　9월 10일에 출발해서 24일에 돌아오는 걸로 예약이 완료되었습니다. 손님의 예약 번호는 7789입니다. 좋은 하루 되세요.

2. (1) ③　(2) ③　(3) ① 네　② 네　③ 아니요

Part 2 들어 봅시다

점원　어서 오세요. 뭘 도와 드릴까요?

장소이　한복을 하나 사려고 하는데요.

점원　네, 언제 입으실 거예요?

장소이　학교에서 행사가 있어서 그때 입을 거예요.

점원　그래요? 요즘에는 화려한 디자인을 많이 입어요. 이건 어떠세요?

장소이　글쎄요. 너무 화려한 것 같은데요.

점원　그럼 이건요? 요즘에도 인기가 있지만 한동안 손님들이 꽤 많이 찾던 거예요. 가격은 20만원이에요. 처음에 말씀드린 건 24만원이고요.

장소이　좀 싸게 안 되나요?

점원　이거 비싼 거 아니에요. 저희가 깎아 드리는 대신에 한복 입을 때 머리에 쓰는 걸 그냥 드릴게요.

장소이　네. 그럼 이걸로 한번 입어 볼 수 있어요?

점원　그럼요. 한복을 입을 줄 아시지요? 치마를 먼저 입고 저고리를 입으시면 돼요. 갈아입고 나오세요. 그럼 제가 도와 드릴게요. 탈의실은 저기예요.

(다 입은 후)

장소이　소매도, 치마도 좀 짧은 것 같아요. 한 치수 큰 걸로 주세요.

점원　그건 따로 주문하셔야 해요. 오늘 주문하면 3일 후쯤 나와요.

장소이　알겠습니다. 하나 큰 걸로 주문할게요.

점원　네. 그럼 그렇게 해 드리겠습니다.

2. (1) 학교에서 행사가 있어서 그때 입으려고 한다.

   (2) ②　(3) ① 아니요　② 아니요　③ 아니요

Part 3 읽고 써 봅시다

2. (1) (A) ⇨ (E) ⇨ (D) ⇨ (B) ⇨ (C)

   (2) ②, ③, ⑤

   (3) 남자 친구가 11시 영화를 예매했는데 2시로 착각해서 영화를 볼 수 없었습니다. 그래서 화가 났습니다.

15과

Part 1 들어 봅시다

음성 메시지가 하나 있습니다.

샐리야, 안녕? 잘 지냈어? 나 율리아야. 전화를 받지 않아서 음성 메시지 남겨. 다른 게 아니라 이화여대에서 같이 공부했던 친구들과 모이기로 해서 전화했어.

신지와 리에 기억나지? 1급에서 같이 공부했었잖아. 두 사람이 다음 달에 결혼해. 그래서 두 사람 결혼도 축하해 주고 제임스도 오랜만에 한국에 와서 만나는 거야.

13일 토요일 오후 4시에 학교 정문에서 만나기로 했어. 만나서 우리를 가르쳐 주셨던 선생님께 인사를 드리러 갈 거야. 그리고 학교 캠퍼스도 구경하고 저녁 식사도 할 거야. 다른 사람들도 많이 오기로 했으니까 꼭 와. 1월 13일 토요일 오후 4시야. 알겠지? 문자 메시지로도 다시 보내 줄게. 그때 보자.

2. (1) ③ (2) ①, ④, ⑤ (3) ①

Part 2 들어 봅시다

식당 할머니 어서 오세요.
장소이 할머니, 안녕하세요?
식당 할머니 그래. 오래간만이다. 뭘 줄까?
장소이 오늘은 인사 드리러 왔어요. 저, 공부가 다 끝나서 내일 중국으로 돌아가요.
식당 할머니 벌써? 처음 본 게 엊그제 같은데 시간이 참 빨리 가네. 벌써 1년이나 됐지?
장소이 네. 저도 이제 한국 생활이 익숙해져서 재미있었는데 아쉬워요.
식당 할머니 나도 그래. 네가 우리 식당에 자주 와서 얘기도 해 주고 중국에서 가져온 차도 같이 마시면서 재미있었는데……. 네가 손녀 같아서 좋았었어.
장소이 할머니가 항상 음식을 맛있게 만들어 주셔서 중국에 돌아가도 못 잊을 것 같아요.
식당 할머니 그렇게 말해 줘서 고맙구나. 중국에서도 열심히 공부하고 한국에 오면 여기도 들러라.
장소이 네, 그럴게요. 할머니, 우리 같이 찍은 사진이 한 장도 없으니까 사진 찍어요.
식당 할머니 응, 그래 찍자.
장소이 할머니, 늘 건강하세요. 한국에 오면 할머니 뵈러 올게요.
식당 할머니 그래 고맙다. 잘 가라.

2. (1) ① (2) ② (3) ① 아니요 ② 아니요 ③ 네

Part 3 읽고 써 봅시다

2. (1) ③ (2) ① 아니요 ② 네 ③ 아니요
(3) ① 아팠을 때 병원에 같이 가 주셨습니다.
② 맛있는 음식을 해 주셨습니다.

찾아보기 Index

지은이 소개 About the Authors

김현진 Hyun Jin Kim

이화여자대학교 언어교육원 특임교수 Professor of Korean, ELC, Ewha Womans University

이화여자대학교 독어독문학과 박사 Ph.D. in Germans Linguistics, Ewha Womans University

이인경 In Kyung Lee

전 이화여자대학교 언어교육원 전임강사 Former Full-time Instructor of ELC, Ewha Womans University

이화여자대학교 국어국문학과 박사 수료 ABD. in Korean Linguistics, Ewha Womans University

강여림 Yeo Rim Kang

전 이화여자대학교 언어교육원 강사 Former Instructor of ELC, Ewha Womans University

이화여자대학교 교육대학원 외국어로서의 한국어교육전공 석사

M.A. in Korean Language Education as a Foreign Language, Ewha Womans University

박은선 Eun Sun Park

전 이화여자대학교 언어교육원 강사 Former Instructor of ELC, Ewha Womans University

이화여자대학교 한국학과 박사 Ph.D. in Korean Studies, Ewha Womans University

김미영 Mi Young Kim

전 이화여자대학교 언어교육원 강사 Former Instructor of ELC, Ewha Womans University

한국외국어대학교 일본어교육학과 석사

M.A. in Japanese Language Education, Hankuk University of Foreign Studies

Contents of MP3

• 본 교재의 듣기 자료는 이화여자대학교출판문화원 홈페이지(www.ewhapress.com) '자료실'에서 내려받을 수 있습니다.